O TARÔ DAS ASSOCIAÇÕES

Sobre a autora

Há mais ou menos doze anos Barbara Moore encantou-se com o tarô. Desde então, não só dedicou sua vida ao estudo do tarô como começou a dar cursos e palestras sobre ele nos Estados Unidos. Seus artigos já foram publicados em diversas fontes especializadas, entre as quais *New Worlds of Mind and Spirit* e *Tarot Update*, da editora Llewellyn. Barbara participou do conselho editorial do *Tarot Journal* e foi aluna de renomados estudiosos do tarô, como Mary K. Greer e Rachel Pollack. Como especialista em tarô, teve a honra de trabalhar ao lado dos mais criativos autores e artistas da comunidade do tarô, além de grandes organizações dedicadas ao tema.

Sobre o artista

A vida profissional de Ciro Marchetti iniciou-se na Inglaterra, onde se formou no Croydon College of Art and Design de Londres. Na América do Sul, foi cofundador de um estúdio de *design* e instrutor do Instituto Nacional de Diseño em Caracas, Venezuela. Desde 1992, vive em Miami, Flórida, onde abriu a filial norte-americana de seu estúdio, o Graform International, que presta uma ampla gama de serviços de design e marketing a empresas do mundo todo. Ciro faz palestras sobre ilustração e imagística digital no Art Institute de Fort Lauderdale. Visite seu website: www.ciromarchetti.com.

Barbara Moore
Arte de Ciro Marchetti

O TARÔ DAS ASSOCIAÇÕES

Um guia de leitura e interpretação
inspirado no Tarô de Rider-Waite

Tradução:
MARTA ROSAS

Editora
Pensamento
SÃO PAULO

Título original: *The Gilded Tarot Companion*.

Copyright do texto © 2004 Barbara Moore.
Copyright das cartas e arte interna © 2004 Ciro Marchetti.

Publicado originalmente pela Llewellyn Publications, Woodbury, MN 55125, USA
www.llewellyn.com
Copyright da edição brasileira © 2014 Editora Pensamento-Cultrix Ltda.
Texto de acordo com as novas regras ortográficas da língua portuguesa.

1ª edição 2014.

Todos os direitos reservados. Nenhuma parte deste livro pode ser reproduzida ou usada de qualquer forma ou por qualquer meio, eletrônico ou mecânico, inclusive fotocópias, gravações ou sistema de armazenamento em banco de dados, sem permissão por escrito, exceto nos casos de trechos curtos citados em resenhas críticas ou artigos de revista.

A Editora Pensamento não se responsabiliza por eventuais mudanças ocorridas nos endereços convencionais ou eletrônicos citados neste livro.

Editor: Adilson Silva Ramachandra
Editora de texto: Denise de C. Rocha Delela
Coordenação editorial: Roseli de S. Ferraz
Produção editorial: Indiara Faria Kayo
Editoração eletrônica: Join Bureau
Revisão: Vivian Miwa Matsushita e Yociko Oikawa

Dados Internacionais de Catalogação na Publicação (CIP)
(Câmara Brasileira do Livro, SP, Brasil)

Moore, Barbara
   O tarô das associações : um guia de leitura e interpretação inspirado no Rider-Waite / Barbara Moore ; arte de Ciro Marchetti ; tradução Marta Rosas. – 1. ed. – São Paulo : Pensamento, 2014.

   Título original: The gilded tarot companion
   Bibliografia.
   ISBN 978-85-315-1889-8

   1. Ocultismo 2. Sorte – Leitura 3. Tarô I. Marchetti, Ciro. II. Título.

14-11061   CDD-133.32424

Índice para catálogo sistemático:
   1. Tarô : Artes divinatórias : Ciências esotéricas   133.32424

Direitos de tradução para o Brasil adquiridos com exclusividade pela
EDITORA PENSAMENTO-CULTRIX LTDA., que se reserva a
propriedade literária desta tradução.
Rua Dr. Mário Vicente, 368 – 04270-000 – São Paulo – SP
Fone: (11) 2066-9000 – Fax: (11) 2066-9008
http://www.editorapensamento.com.br
E-mail: atendimento@editorapensamento.com.br
Foi feito o depósito legal.

Sumário

Introdução . . . 7

Notas do artista . . . 9

Os fundamentos . . . 15

Os Arcanos Maiores . . . 45

Os Arcanos Menores . . . 91

As cartas da corte . . . 125

As tiragens . . . 151

Introdução

Você está prestes a iniciar uma jornada. Tendo este livro e as belas imagens de Ciro Marchetti como guias, você descobrirá o incrível mundo do tarô e, ao mesmo tempo, conhecerá melhor a si mesmo, sua vida e suas escolhas.

As ilustrações de *O Tarô das Associações* o seduzirão e o convidarão a explorar as mensagens ocultas. É fácil se perder em tantos detalhes maravilhosos, nas vinhetas tão encantadoras. Embora não tenha a poesia da arte, este livro se revelará um guia útil, que apresenta informações e instruções práticas e claras para ajudá-lo a extrair o máximo de sua experiência com o tarô.

Primeiro, você vai ler a respeito do próprio baralho, sua estrutura e seus significados básicos. As instruções para adivinhação começam logo no início: como fazer uma boa pergunta. Você aprenderá também a escolher um significador e a interpretar cartas invertidas. Finalmente, verá como interpretar as tiragens e acrescentar seus próprios toques ritualísticos especiais, se quiser.

Para ajudá-lo a desenvolver uma relação pessoal com as cartas e acrescentar suas próprias camadas de sentido às interpretações padrão, o livro contém vários exercícios. É uma opção, caso você queira expandir seus estudos do tarô. Porém, se preferir, também pode ler as cartas usando as interpretações fornecidas.

Após uma visão geral dos fundamentos do tarô, você aprenderá os significados de todas as cartas: os Arcanos Maiores, os Arcanos Menores e, por fim, as cartas da corte. O último capítulo apresentará algumas tiragens de cartas para que você possa fazer suas próprias leituras.

Notas do artista

O simbolismo visual da astrologia e do tarô sempre me intrigou; é um tema que já apareceu muitas vezes em trabalhos anteriores meus. Portanto, quando a Llewellyn me consultou para propor a criação de meu próprio baralho de tarô, o projeto me pareceu tão apropriado que me interessei imediatamente.

Entretanto, após o entusiasmo inicial, logo ficou claro que esse projeto implicaria um imenso trabalho, não só pela simples quantidade de ilustrações (78), mas também pela tentativa de torná-las aceitáveis para a maioria dos integrantes da comunidade do tarô. O mérito de qualquer esforço criador é subjetivo aos olhos de quem o vê, mas – neste caso – temos de quebra a relação extremamente pessoal entre as cartas e as pessoas que as leem.

Apesar de ter alguns baralhos, comprados anos antes por seu mérito artístico, meu conhecimento do assunto era limitado, e eu obviamente teria de suprir essa lacuna. Mas decidi também tirar proveito de minha falta de familiaridade. Ao começar a ler mais sobre o assunto e a examinar vários baralhos para avaliar a diversidade de seus estilos ilustrativos, evitei deliberadamente ver mais que algumas cartas de cada baralho. Queria estar livre para chegar imparcialmente a uma interpretação pessoal e própria da mensagem por trás de cada carta, com o mínimo de ideias preconcebidas e influências de trabalhos alheios.

Outra decisão que logo tomei foi a de manter uma abordagem razoavelmente tradicional; fiquei impressionado com o número de baralhos inovadores disponíveis e certamente não queria criar mais um baralho assim. Participei de diversos fóruns, acompanhei passivamente inúmeros tópicos e, aos poucos, fui criando uma noção melhor da comunidade do tarô, a qual me levou a concluir que existem duas forças motrizes principais. A primeira é óbvia: o baralho como um instrumento de leitura. Ele fala a quem o possui? A segunda decorre da comum e difundida aquisição de baralhos para coleções. Pensando em ambas essas forças, defini para mim mesmo as seguintes metas: o baralho se basearia no de Rider-Waite e lhe prestaria uma homenagem. Assim, a maioria dos usuários imediatamente se sentiria familiarizada e à vontade com ele. E o tornaria visualmente atraente, tanto para enriquecer a experiência real da leitura quanto para agradar aos colecionadores. Incorporaria inúmeros toques pessoais para garantir que o baralho tivesse caráter próprio e não fosse apenas mais um clone do de Rider-Waite.

Um tema comum em minha obra é a inclusão de dispositivos mecânicos, e isso encontra continuidade em diversas cartas dos Arcanos Maiores de *O Tarô das Associações*. Essas máquinas, que medeiam entre os mundos opostos da ciência e da magia, um tanto rudimentares em sua construção e nos movimentos precisos de seus dentes e engrenagens, são de uma época anterior: embora não pertençam ao mundo dos microprocessadores e *chips*, são, mesmo assim, capazes de maravilhas que estão além da tecnologia de hoje.

Embora o tarô revele a jornada do consulente, eu chamo a atenção para o palco da Mãe Terra, no qual essa história está sendo contada. A ênfase visual em detalhes de árvores, folhas de grama e pedras – passando pela inclusão de inúmeros animais, pássaros e outras criaturas vivas – reconfirma esse compartilhar a Terra.

Em algumas cartas, sua inclusão é um acréscimo à história, mas decidir de que modo cabe ao leitor. No Dez de Gládios, a pungência da cena é enriquecida pelo veado que se aproxima: estará ele consciente do que testemunha? É apenas curiosidade animal ou um reconhecimento reverente?

A coruja do Nove de Gládios não apenas reforça o fato de a cena ser noturna; seu olhar penetrante, que mira em frente – algo

11

de que, entre todos os pássaros, só a coruja é capaz de fazer –, é um tanto perturbador. O que faz ela ali? Há quanto tempo? O que despertou a garota foi sua chegada ou uma parte de seu sonho?

Os veados do Dois de Bastões não só estão presentes e conscientes da aproximação do homem; parecem estar aguardando atenta e curiosamente a decisão que está por ser tomada, tanto pelo homem da carta... quanto, talvez, por nós como leitores.

No Seis de Gládios, a mulher prossegue em sua jornada silenciosa (secreta?); ela olha em frente com deliberação e propósito. Simplesmente vai a algum lugar ou estará fugindo de alguma coisa? Será que tem consciência da presença do sapo? Ele seguramente percebe a presença dela.

No Nove de Taças, somos saudados pelo paradigma do jovial e receptivo taberneiro. Em mais de um aspecto, aqui há bons eflúvios. Os barris reconfirmam a abundância; até os ratos que tentam com olhar divertido descobrir o conteúdo das taças parecem reforçar a mensagem de afeto e satisfação da carta.

No Dez de Taças, nós (ou, neste caso, eu, a figura masculina ausente) voltamos para casa depois de uma jornada ou dia de trabalho. Uma cena doméstica e familiar ideal nos aguarda: mãe, filha e um gato brincalhão se divertem juntos em um passatempo preguiçoso. Trata-se de uma cena de harmonia e bem-estar, inteiramente livre de conflito ou dissensão.

O Oito de Pentagramas mostra o aprendiz solitário em seus afazeres, que mais uma vez adentraram a noite. Mas, pelo menos, ele conta com a companhia de um amigo improvável.

Assim como os animais silenciosos, às vezes despercebidos, emprestam mais uma camada de sentido a essas imagens, você, leitor, lhes acrescentará perspectivas e percepções. Espero que desfrute da jornada tanto quanto eu desfrutei da criação de *O Tarô das Associações*.

Os fundamentos

Você provavelmente está ansioso para conhecer seu novo baralho. Nesta seção, encontrará uma breve introdução à estrutura desse baralho. Ela o ajudará a entender, em termos gerais, os significados das cartas. As seções posteriores o ajudarão a chegar a uma interpretação mais profunda. Veja-as como linhas gerais dos significados das cartas. Os detalhes e nuances virão com o tempo.

As cartas

Lembre-se que o tarô é muito pessoal e que as cartas estão repletas de significados. Use o texto como guia, mas deixe que sua própria intuição tenha a palavra final. Se alguma coisa aqui não fizer sentido, descarte-a. A adivinhação não é uma ciência exata. Use os exercícios fornecidos para desenvolver os significados que usará em suas próprias leituras. Um diário ou caderno de anotações será especialmente útil para manter todas as suas notas e observações em ordem. Ao longo de todo o livro há exercícios que contribuem para solidificar sua compreensão das cartas.

Talvez lhe pareça que 78 cartas exigem um longo aprendizado. Mas se dividirmos o baralho, a tarefa se tornará mais fácil. A primeira grande divisão é em duas partes: os Arcanos Maiores (22 cartas) e os Arcanos Menores (56 cartas). A palavra *arcano* significa "segredo", de modo que os Arcanos Maiores são os "grandes segredos". Em termos práticos, eles são as cartas que representam marcos importantes, grandes mudanças, eventos que estão acima de nosso controle e crescimento espiritual. Os Arcanos Menores, ou "pequenos segredos", geralmente descrevem eventos, situações ou pessoas relacionadas ao dia a dia. Uma característica importante dos Arcanos Menores é o controle pessoal – ou seja, eles representam aspectos de sua vida sobre os quais você tem controle.

Os Arcanos Menores

Os Arcanos Menores geralmente são de compreensão muito simples porque a maioria das pessoas já conhece sua estrutura. Imagine um baralho comum: quatro naipes (paus, copas, espadas e ouros), cada um com dez cartas com pintas numeradas de ás a dez e três cartas da corte (Rei, Rainha e Valete). Os Arcanos Menores são exatamente assim, só que com uma carta da corte a mais para cada naipe. As cartas da corte do tarô refletem suas origens medievais: Rei, Rainha, Cavaleiro e Valete. Os naipes têm diferentes nomes e símbolos, mas ainda se relacionam diretamente aos naipes comuns das cartas de jogo [nomes alternativos entre colchetes]:

BASTÕES [Varas, Báculos ou Cajados] = Paus

TAÇAS [Cálices] = Copas

GLÁDIOS = Espadas

PENTAGRAMAS [Moedas, Discos ou Pedras] = Ouros

Além de relacionados aos naipes dos baralhos das cartas de jogo, os naipes do tarô estão associados aos quatro elementos. Isso ajuda a definir a relação entre o naipe e nossa vida cotidiana. A ilustração a seguir mostra os quatro naipes, e a lista abaixo dela revela a associação de cada um aos elementos e os aspectos da vida que ele representa.

BASTÕES (esquerda). Fogo ou Ar. Carreira, projetos, inspiração.

TAÇAS (parte superior). Água. Emoções, relacionamentos, criatividade.

GLÁDIOS (direita). Ar ou Fogo. Desafios, intelecto, formas de pensar.

PENTAGRAMAS (parte inferior). Terra. Mundo físico, dinheiro, recursos.

SETE DE PENTAGRAMAS

TRÊS DE TAÇAS

Cada naipe dos Arcanos Menores se associa a uma área da vida. Todas as cartas também têm números, cada um dos quais possui um significado.

ASES: Novos começos, oportunidade.

DOIS: Equilíbrio, dualidade, uma encruzilhada ou uma escolha.

TRÊS: A completa expressão do naipe, realização.

QUATROS: Estrutura, estabilidade, estagnação.

CINCOS: Instabilidade, conflito, perda, oportunidade de mudança.

SEIS: Comunicação, solução de problemas, cooperação.

SETES: Reflexão, avaliação, motivações.

OITOS: Movimento, ação, mudança, poder.

NOVES: Fruição, êxito.

DEZ: Finalização, fim de um ciclo.

Com essas informações, você já pode ter uma noção do significado de uma carta. Por exemplo, o Sete de Pentagramas pode representar uma avaliação de recursos ou propriedades. Essa carta mostra uma mulher olhando os frutos de uma árvore. Ela pode estar contemplando o trabalho investido e comparando-o à colheita obtida com esse investimento. O Três de Taças pode indicar sucesso nos relacionamentos. A imagem mostra três mulheres celebrando a alegria da amizade.

Enquanto as cartas numeradas mostram diferentes situações do dia a dia, as cartas da corte dão personalidade a essas situações.

Elas podem representar outras pessoas ou o consulente (aquele que está fazendo a pergunta). Como as pessoas reais são complexas, as cartas da corte geralmente representam apenas uma faceta da pessoa: a parte dela que está envolvida na situação específica sobre a qual se está perguntando.

VALETES: Principiantes, ansiosos e animados, mas às vezes superficiais; podem indicar uma mensagem que o consulente vai receber.

CAVALEIROS: Extremistas, muito concentrados (como os cavaleiros que se sacrificam por uma demanda); podem ser desequilibrados ou fanáticos; talvez representem uma situação que muda com rapidez.

RAINHAS: Maduras e reflexivas; pessoas que cuidam das demais; podem tender à obsessão.

REIS: Maduros e expressivos; pessoas que organizam e controlam questões externas, às vezes em detrimento das questões interiores ou pessoais.

Exercício 1

Ponha suas cartas dos Arcanos Menores em ordem numérica. Examine cada uma e relacione a imagem da carta às associações do naipe e do número, conforme descrito acima. Anote suas observações em um caderno. Observe se as relações foram óbvias ou sutis. Observe também se algum detalhe lhe chama a atenção. Anote a razão pela qual uma determinada imagem lhe parece intrigante e de que maneira isso afeta o significado da carta para você.

Exercício 2

Abra suas cartas da corte. Pense na personalidade representada em cada carta. Associe essa carta a alguém em sua vida, observando os comportamentos, características ou hábitos específicos que motivaram essa associação em sua mente.

Os Arcanos Maiores

Os Arcanos Maiores compõem-se de 22 cartas, numeradas de zero a 21. Assim como os naipes dos Arcanos Menores, eles se associam a um elemento, que é o Espírito. Além de numerados, os Arcanos Maiores são também nomeados da seguinte maneira:

0   O Louco
I   O Mago

II	A Sacerdotisa
III	A Imperatriz
IV	O Imperador
V	O Hierofante
VI	Os Enamorados
VII	O Carro
VIII	A Força
IX	O Eremita
X	A Roda da Fortuna
XI	A Justiça
XII	O Enforcado
XIII	A Morte
XIV	A Temperança
XV	O Diabo
XVI	A Torre
XVII	A Estrela
XVIII	A Lua
XIX	O Sol
XX	O Julgamento
XXI	O Mundo

Os nomes dão alguma indicação do significado. Por exemplo, o Eremita significa tempo para fugir do mundo e olhar para dentro.

A Estrela traz esperança e orientação, uma luz que serve de guia em momentos que, sem ela, seriam sombrios.

Exercício 3

Relacione os significados ou associações que lhe vêm à mente com base simplesmente no nome de cada carta dos Arcanos Maiores.

A jornada do Louco

Assim como dividir os Arcanos Menores em naipes e conhecer melhor cada naipe e as associações numerológicas propiciam uma introdução e uma breve visão geral dos significados dessas cartas, conhecer a jornada do Louco ajuda a apresentar-nos aos Arcanos Maiores. As 22 cartas dos Arcanos Maiores representam uma jornada pela vida, uma jornada de autodesenvolvimento e crescimento espiritual. Todos nós começamos como o Louco, a primeira carta dos Arcanos Maiores, embora todas as nossas jornadas sejam diferentes.

Para visualizar a jornada do Louco, disponha as cartas, colocando o Louco sozinho no alto. Depois, distribua o restante das cartas, por ordem numérica, abaixo do Louco em três fileiras de sete cartas (1-7, 8-14 e 15-21).

1. A primeira fileira mostra as etapas pelas quais passamos em nosso desenvolvimento básico, do nascimento até nos tornarmos adultos jovens, e na aprendizagem do convívio em sociedade.
2. A segunda fileira ilustra as leis ou regras universais da sociedade, as quais devemos confrontar, questionar e aceitar; ela também se refere à descoberta de quem somos.

A última fileira é nosso desenvolvimento espiritual.

O LOUCO: O Louco marca o início da jornada como criança arquetípica, imatura e ignorante, inocente e ávida.

O MAGO: O Mago representa o *animus*, ou princípio masculino. Ele é nossa energia ativa, a energia que emitimos, nossas aptidões e capacidades sob a óptica do mundo exterior. Em termos básicos, é como fazemos as coisas e como aprendemos.

A SACERDOTISA: A Sacerdotisa personifica a *anima*, ou princípio feminino. Ela é nossa energia passiva ou introspectiva, nossas aptidões em sua relação com o mundo interior e a autorreflexão. Em termos básicos, é o que pensamos ou sentimos diante das coisas e o que sabemos intuitivamente.

A IMPERATRIZ: A Imperatriz representa o arquétipo da Mãe e nossa experiência no cuidar de outras pessoas e alimentá-las, nossas emoções e nosso impulso criador.

O IMPERADOR: O Imperador representa o arquétipo do Pai e nossa experiência de autoridade, razão e lógica.

O HIEROFANTE: O Hierofante é nossa educação formal na sociedade em que vivemos, inclusive nossa escolaridade, formação religiosa e tradições culturais.

OS ENAMORADOS: Numa palavra, a adolescência: nossa experiência dos hormônios, do sexo e nossa sensação de identidade.

O CARRO: O Carro ilustra nossa capacidade de ver ambos os lados de uma questão, marcando o fim da fase em que dizemos: "Mas isso não é justo!".

Depois que sintetizamos esses arquétipos em nossa sensação de identidade, geralmente estamos muito bem preparados para participar da sociedade. Às vezes, nós incorporamos alguns desses elementos melhor que outros. Por exemplo, se alguém "tem problemas com a mãe", pode não ter lidado muito bem com a Imperatriz.

A FORÇA: A Força é quando aprendemos a controlar nossos instintos e impulsos, quando nos dominamos e desenvolvemos autocontrole. Podemos ter vontade de fazer farra a noite inteira, comer todos os pratos do bufê ou comprar até o cartão de crédito atingir o limite, mas sabemos que provavelmente é melhor não ceder a todos esses desejos.

O EREMITA: O Eremita representa a necessidade que temos de "nos encontrar". Nós nos voltamos para dentro, questionando tudo que aprendemos, e tentamos encontrar uma sensação de paz interior.

A RODA DA FORTUNA: Quando mal começamos a nos sentir centrados e equilibrados, nossa determinação é posta à prova por uma reviravolta do destino. Acontece alguma coisa que está além de nosso controle ou de nossa capacidade de previsão.

A JUSTIÇA: Nas repercussões da reviravolta do destino é que descobrimos como nos saímos e percebemos que colhemos o que plantamos. Se estávamos bem preparados, podemos sair abalados, mas inteiros. Se não, talvez tenhamos que revisitar na jornada a fase do Eremita – ou prosseguir até...

O ENFORCADO: O Enforcado mostra-nos a força e o poder da renúncia e da visão a partir de uma perspectiva diferente. Essa carta nos mostra também a importância do sacrifício. Certas coisas de fato valem o sacrifício e talvez não possamos mesmo ter tudo – pelo menos, não como planejamos.

A MORTE: Quando mal começamos a nos acostumar a viver por um fio, nos vemos diante de uma grande mudança na vida. Essa mudança pode ser positiva ou negativa: uma promoção inesperada, o fim de um relacionamento, uma mudança para outro lugar.

A TEMPERANÇA: Depois de passarmos por uma experiência de transformação, conhecemos a elegância do equilíbrio e da tolerância. Aprendemos a nos adaptar a mudanças de circunstâncias sem perder o centro nem a sensação de identidade.

Atravessamos uma fase muito difícil de nosso desenvolvimento. Enfrentamos a Morte em algum de seus aspectos. Aprendemos a resistir, a nos adaptar às circunstâncias e a não nos queixar da aparente injustiça do universo. O que mais poderíamos fazer?

O DIABO: Equilibrados, fortes e confiantes, agora precisamos enfrentar nosso lado sombra, os aspectos sombrios que existem em nós e que, além de inspirar-nos receio, podem controlar-nos de maneiras sutis. Eles podem ser aspectos que aprendemos a controlar ou reprimir na carta da Força. Isso pode ter funcionado bem por algum tempo, antes de ganharmos conhecimento e experiência suficientes para não simplesmente ignorar e reprimir tais aspectos. Agora temos de revisitá-los, aprender a apreciar as qualidades positivas que eles podem trazer para nossa vida e sintetizá-los apropriadamente.

A TORRE: Embora a esta altura possamos ter a sensação de possuir um controle razoável, o universo nos relembra de que não estamos no controle de tudo. A Torre é como um raio que cai de repente e abala nossas próprias estruturas. A diferença em relação à Roda da Fortuna é que, em vez de interferir nas circunstâncias externas de nossa vida, a Torre abala as estruturas de nossos sistemas de crenças.

A ESTRELA: A Estrela nos traz orientação, esperança e otimismo após eventos catastróficos, dando-nos a força de que precisamos para reconstruir nossas bases destruídas.

A LUA: Enquanto a Estrela nos orienta em nosso caminho, a Lua nos ensina a questionar tudo e a perceber que as coisas nem sempre são o que parecem. À luz da Lua, podemos nos perder ou nos distrair com sombras tentadoras. Também podemos ter sonhos inspiradores. Devemos aprender a distinguir uma coisa da outra.

O SOL: Após vagarmos à luz da Lua, vemos surgir o Sol e sentimos cada vez mais força e autoconscientização, tendo a certeza de saber quem somos, em que acreditamos e o que é real.

O JULGAMENTO: A carta do Julgamento nos impele a uma realização espiritual mais profunda. Muitas vezes, ela é um convite à ação, a compartilhar seu conhecimento ou experiência com as pessoas.

O MUNDO: Representa o fim do ciclo; aprendemos todas as nossas lições e atingimos a integração, o equilíbrio e a percepção espiritual.

Exercício 4

Observe cada carta dos Arcanos Maiores. Escreva sobre uma situação ou experiência de sua própria vida que lhe faça lembrar de cada etapa da jornada do Louco.

Cuidados e conservação

Há muitos mitos e crendices no que se refere às cartas do tarô. Talvez você já tenha ouvido algum: você não pode comprar suas próprias cartas, é preciso ganhá-las; você deve enrolá-las em seda e guardá-las em uma caixa de carvalho; você não deve deixar ninguém mais tocar suas cartas. A maioria das pessoas não põe muita fé nesses ditames. A relação com suas cartas é pessoal e deve ser determinada por aquilo em que você acredita e pelo que funciona para você.

Existem duas vertentes quando se trata de deixar outras pessoas tocarem suas cartas. Alguns preferem não deixar ninguém mais tocá-las porque não querem que nenhuma energia alheia influencie suas cartas. Outros acham que, para obter uma leitura precisa, o consulente deve tocar as cartas, em geral ao embaralhá-las. Às vezes, depois que alguém manuseia as cartas, as pessoas as colocam novamente em ordem para purificá-las e prepará-las para a leitura seguinte.

Algumas pessoas purificam o baralho com regularidade, principalmente quando fazem várias leituras, ou de vez em quando, talvez após uma leitura que diga respeito a um problema muito grave. Como mencionado anteriormente, pode-se purificar o baralho colocando-se as cartas em ordem. Outras opções são: incensá-las com sálvia queimada, guardar o baralho com uma pedra ou cristal de propriedades purificadoras (como o quartzo rosa) ou deixar as cartas à luz da lua cheia (na parte interna – na externa, não! – do peitoril da janela).

Alguns acham que, além de propriedades purificadoras, a seda e o carvalho têm propriedades protetoras e é por isso que guardam suas cartas nesses materiais. Outros guardam as cartas com gemas, cristais ou ervas cujas qualidades lhes interessam do ponto de vista do leitor do tarô, como a cura, a lucidez, a sabedoria etc. No mínimo, vale a pena guardar suas cartas numa caixa ou saco fechado, nem que seja apenas para manter todas as cartas juntas e evitar que alguma se perca. Algumas pessoas decoram a caixa ou saco com símbolos ou runas que representam a sabedoria, o discernimento, a capacidade de comunicação etc.

Os cuidados e a conservação de suas cartas são uma questão de crença pessoal e senso prático. Experimente diferentes métodos até encontrar os que forem mais convenientes e eficazes para você.

Adivinhação

Adivinhação, leitura da sorte, conhecimento do futuro – que ideias mais empolgantes e ilusórias! Mas você só pode prever o futuro se acreditar que ele está gravado em pedra, que tudo é predeterminado e que você não tem livre-arbítrio, certo? Bem, sim e não. Se certos fatos ocorrerem, então haverá um desfecho provável. Pense na previsão do tempo. Quanto maior o período a que se referir a previsão, maior a probabilidade de acontecerem coisas que a alterem. A previsão diária sempre é mais precisa do que a previsão semanal. E mesmo no caso da previsão diária, imprevistos podem fazer o tempo mudar muito rapidamente.

Uma leitura, ou adivinhação, de tarô é mais eficaz quando usada como a previsão do tempo. Ela pode lhe dizer o que provavelmente acontecerá se tudo permanecer como está e dar-lhe uma imagem clara de todos os elementos envolvidos e de como eles afetam uns aos outros. Porém, ao contrário da previsão do tempo, o tarô também pode ajudá-lo a definir o melhor curso de ação nos eventos sobre os quais você tem controle. Por funcionar como uma ponte entre o subconsciente e o consciente, o tarô pode ajudá-lo a esclarecer seus pensamentos e sentimentos diante de uma situação. O tarô é também uma ferramenta espiritual, servindo de elo entre você e o divino: ele pode orientá-lo em épocas de agitação. Resumindo, o tarô pode dar-lhe informações acerca de uma situação e ajudá-lo a encontrar respostas ou tomar melhores decisões.

Fazendo a pergunta

Buscar respostas ou informações nem sempre é fácil. Fazer uma pesquisa na Internet com a palavra-chave errada geralmente acaba em frustração. Não pedir instruções específicas pode acabar nos levando a algum lugar que não era o que pretendíamos. Podemos facilitar as coisas para nós mesmos se percebermos que a obtenção da melhor resposta – a mais útil – depende em grande parte de conseguirmos fazer a melhor pergunta.

Trabalhando com a ideia de que o futuro não está predestinado, a formulação da pergunta ganha até mais importância do que o desejo de ter acesso a informações. A construção cuidadosa da pergunta é a primeira etapa de uma leitura útil do tarô. Às vezes, o ato de examinar a formulação lhe dará tantas informações sobre a situação e sobre você mesmo quanto a própria leitura do tarô. Imagine que você namora um homem chamado Matt. As respostas a perguntas como "Vou me casar com Matt?" ou "Devo me casar com Matt?" na verdade não lhe propiciam nenhuma percepção. Em vez de respondê-las, pense na razão de estar fazendo essas perguntas. Você quer se casar com Matt? Por quê? Se estiver em dúvida, quais problemas a incomodam? Você acha que Matt não quer se casar com você? Por quê?

Pense inclusive na razão de estar abordando o tarô para indagar sobre sua relação com Matt. Quais são suas dúvidas e preocupações? Você tem uma noção clara de seu objetivo no relacionamento? Nesse caso, vê alguma barreira? Resumindo, você precisa discernir muito bem o que quer saber e por quê. Depois de refletir sobre a situação, você pode formular uma pergunta que atenda às suas necessidades. Digamos que Matt esteja interessado em casar-se, mas você não tem certeza se também quer isso e não sabe bem a razão. Há uma dúvida persistente que você não consegue identificar. Uma possível pergunta seria: "Qual a origem de minha hesitação quanto ao casamento com o Matt?". A resposta a essa pergunta talvez levasse você a outra pergunta. Depois de identificar o problema, você poderia analisar possíveis soluções ou medidas em reação ao conhecimento recém-adquirido.

Mudemos a situação. Agora você tem certeza de querer casar-se com Matt. Só que Matt tem suas dúvidas. E não consegue ou não quer discuti-las. O que você pode fazer? Muitos leitores julgam antiético fazer leituras diretamente sobre terceiros ou para terceiros sem o consentimento deles. Se Matt consentir, os dois poderão criar uma pergunta e consultar o baralho juntos. Caso contrário, você deve pensar mais sobre o que quer da atual situação. Se Matt não desejar compromisso, você vai querer continuar no relacionamento? Se estiver em dúvida, poderá perguntar às cartas: "Quais são os prós e os contras de continuar neste relacionamento?". Ou poderá também perguntar o que pode fazer para promover mais comunicação e abertura entre os dois.

Às vezes, você não tem uma pergunta específica. De vez em quando, as pessoas têm uma vaga sensação de desconexão, de desequilíbrio. Pode parecer que tudo está em ordem, mas no fundo falta alguma coisa. Do mesmo modo que há momentos em que você pode meditar ou orar só para desfrutar da sensação de paz, para escutar a voz sutil que às vezes se faz presente em seu espírito, há momentos em que o tarô tem algo a comunicar. Nesses momentos em que a análise de nada adianta, mas sua intuição parece gritar, é melhor simplesmente perguntar às cartas: "O que preciso saber agora?".

Exercício 5

Escreva uma pergunta cuja resposta você gostaria de obter. Não a analise ainda; basta escrevê-la como lhe vier à mente. De que maneira ela foi formulada? Ela o coloca como uma pessoa forte ou como uma vítima das circunstâncias? Reescreva a pergunta de diferentes modos. Procure esclarecer melhor o que você quer que aconteça ou pergunte o que pode fazer para atingir o resultado que deseja.

Depois de formular sua pergunta, você precisará selecionar uma tiragem para sua leitura. Enquanto a pergunta constitui a base da resposta, a tiragem cria o arcabouço ou a forma dessa resposta. Compreender o papel da tiragem em uma leitura e selecionar a tiragem certa são tão importantes quanto entender e formular a pergunta.

O que é uma tiragem de tarô?

A maioria das pessoas está familiarizada com a situação de embaralhar as cartas e dispô-las seguindo algum tipo de padrão, algo que é chamado de jogo ou distribuição. Essa disposição das cartas cria um arcabouço para que a sabedoria do tarô venha à tona e para que o leitor forme uma resposta. Cada posição representa um diferente aspecto da pergunta, como: "a carta que entrar nesta posição representa você" ou "a carta que entrar aqui indica o possível resultado". E aqui está a primeira decisão: usar uma tiragem já criada, como a Cruz Celta padrão (uma das tiragens mais populares), criar sua própria tiragem ou recorrer a uma combinação dessas duas opções?

Usar uma tiragem já criada possui vantagens, principalmente para os iniciantes, que às vezes têm a sensação de estar aprendendo coisas demais de uma só vez. Se esse for o caso, não deixe de usar uma tiragem padrão. Mas saiba que ela tem limitações. Existem livros só com sugestões de tiragens (por exemplo, *How to Use Tarot Spreads*, de Sylvia Abraham). Ao fim deste livro, você também encontrará algumas sugestões de tiragens que podem lhe ser úteis. Examine-as e escolha a tiragem que mais corresponde às necessidades impostas por sua pergunta. Caso tenha interesse em criar suas próprias tiragens, fique à vontade para experimentar como quiser, usando a pergunta para direcionar a forma da tiragem ou modificando uma tiragem já existente para refletir sua pergunta com maior precisão. A fim de obter mais informações, consulte *Designing Your Own Tarot Spreads*, de Teresa Michelsen.

Significadores

Em algumas tiragens, como a Cruz Celta, há uma posição para a carta do significador. Ela é simplesmente a carta que representa o consulente. Usada como ponto de enfoque, essa carta geralmente não é incorporada à leitura, embora haja duas situações em que incluí-la é benéfico, as quais serão discutidas mais adiante.

Tradicionalmente, o significador é selecionado de uma dentre quatro possibilidades:

- Simplesmente usar o Mago para representar o consulente ou a Sacerdotisa para representar a consulente.
- Selecionar uma carta da corte para representar o consulente com base na idade e nas características físicas, usando as listas a seguir.
- Selecionar uma carta da corte com base na idade e no signo astrológico, usando as listas a seguir.
- Selecionar uma carta da corte com base na idade e na personalidade, usando as listas a seguir.

Aparência física

BASTÕES: Pele clara, cabelo louro e olhos azuis.

TAÇAS: Pele de clara a morena, cabelo castanho-claro e olhos azuis ou castanho-claros.

GLÁDIOS: Pele azeitonada, cabelo escuro e olhos claros.

PENTAGRAMAS: Pele escura, cabelo escuro e olhos escuros.

Signo astrológico

BASTÕES: Áries, Leão e Sagitário (signos de fogo).

TAÇAS: Câncer, Escorpião e Peixes (signos de água).

GLÁDIOS: Gêmeos, Libra e Aquário (signos de ar).

PENTAGRAMAS: Touro, Virgem e Capricórnio (signos de terra).

Personalidade

BASTÕES: Uma pessoa ardente, passional, cheia de energia.

TAÇAS: Uma pessoa emocional, criativa.

GLÁDIOS: Uma pessoa intelectual, lógica.

PENTAGRAMAS: Uma pessoa realista, prática.

Idade

VALETE: Uma criança ou mulher jovem.

CAVALEIRO: Um rapaz.

RAINHA: Uma mulher madura.

REI: Um homem maduro.

Esses métodos têm limitações muito claras. Antes de tudo, eles retiram uma carta do baralho, de modo que ela não pode entrar na leitura em si. Isso é particularmente lamentável quando se trata do Mago ou da Sacerdotisa, duas cartas muito importantes dos Arcanos Maiores. A seleção de uma carta da corte também é problemática. No caso da descrição física, nem todas as combinações possíveis são levadas em conta. No caso do quarto método, podemos perguntar: quem é completamente lógico ou completamente emocional? Como as cartas da corte geralmente representam apenas uma faceta da personalidade, escolher uma para representar a pessoa como um todo é simplificar demais. Por outro lado, você pode selecionar a carta pensando em como a pessoa se sente diante da pergunta. Por exemplo, se ela normalmente for muito racional, mas se sentir emocional demais na situação em questão, você pode selecionar Taças, em vez de Gládios.

Duas outras maneiras de selecionar significadores ganharam popularidade e, de fato, podem ser úteis em termos da leitura em si. A primeira consiste em deixar que o próprio baralho selecione a carta. Ou seja, embaralhe as cartas e use a que ficar em cima para representar o significador. Nesse método, o significador pode mostrar como o consulente se sente ou o papel que desempenha na situação. Além disso, ela pode ser lida como outro aspecto da segunda carta da Cruz Celta, que também representa o consulente. (Consulte a tiragem da Cruz Celta na página 156.)

Um segundo método funciona bem com aqueles que não têm familiaridade com as cartas. Deixe que o consulente veja o baralho todo e escolha uma carta que julgue representá-lo. Além de propiciar uma percepção interessante de como a pessoa se vê na situação, essa carta pode ser lida em conjunto com a oitava carta da Cruz Celta, que representa como o consulente se vê.

Brinque com os vários métodos e veja o que funciona para você. Se preferir, desconsidere inteiramente os significadores ou até desenvolva seu próprio método para selecioná-los.

Exercício 6

Escolha para si um significador usando cada um dos métodos descritos anteriormente. Compare as cartas que surgirem a cada vez. Qual lhe parece a mais precisa? Por quê? Experimente selecionar significadores para outras pessoas que conhece. Verifique se algum método sistematicamente traz resultados mais precisos.

Inversões

Assim como alguns leitores usam significadores e outros não, algumas pessoas leem cartas invertidas. As cartas invertidas são as que surgem na tiragem de cabeça para baixo. Alguns acham que as 78 cartas do tarô já representam toda a gama da experiência humana e que as inversões só servem para confundir. Os recém-iniciados nos estudos do tarô costumam sentir-se intimidados diante da tarefa de aprender mais 78 significados. Outras pessoas argumentam que o uso de inversões aporta profundidade, sutileza e precisão à leitura e que elas são um meio de sintonizar ainda melhor as interpretações.

Como no caso dos significadores, essa é uma decisão que você deve tomar sozinho. Se decidir não ler as inversões que surgirem em sua tiragem, simplesmente desvire-as. Muitos dos leitores de tarô mais experimentados recomendam primeiro se habituar às cartas na posição normal (de cabeça para cima), para depois tentar ler os significados das invertidas. Se quiser incluir os significados invertidos dessas cartas em suas leituras, você precisará tomar outra decisão: como interpretar as inversões? Você terá de usar uma teoria coerente para determinar os significados das cartas invertidas. Se escolher um método específico que simplesmente modifique o significado das cartas em sua posição normal, sua tarefa será bem mais fácil porque não precisará aprender 78 novos significados. Você simplesmente vai modificar de algum modo os significados habituais.

Os especialistas em tarô sugerem várias práticas diferentes para a interpretação de cartas invertidas. A obra mais abrangente que existe sobre o tema é *Complete Book of Tarot Reversals*, de Mary K. Greer. Se tiver interesse nele, este livro é extremamente recomendável. Porém, por enquanto, vamos apenas analisar algumas possibilidades mais simples a título de experimentação. O primeiro método – e também o mais óbvio – é dizer que a carta invertida significa exatamente o oposto da carta em posição normal. Outro método consiste em dizer que a energia representada pela carta em posição normal está bloqueada ou pode ser retardada de algum modo. Um método considerado útil por muitos leitores é dizer que a carta invertida é o mesmo que a carta em posição normal, mas que, por surgir assim na tiragem, ela indica que se deve dar-lhe atenção especial. Outra opção é usar o aspecto negativo, extremo, do significado de cada carta (veja a página 45).

Experimente diferentes métodos e descubra qual funciona para você. Depois que se decidir por uma prática, mantenha a coerência.

Exercício 7

Selecione três cartas com as quais se sente à vontade. Experimente interpretá-las como inversões usando cada um dos métodos descritos. Qual dos métodos lhe pareceu o ideal? Por quê?

Fazendo uma leitura

Depois que tiver formulado sua pergunta, selecionado a tiragem, tomado suas decisões quanto a significadores e inversões e adquirido uma certa confiança para interpretar as cartas, você estará pronto para começar as leituras. Será preciso misturar as cartas, embaralhando-as da maneira que achar melhor ou dispondo-as sobre a mesa e misturando-as como se estivesse pintando com os dedos. Concentre-se em sua pergunta enquanto mistura as cartas. Quando estiver pronto, forme uma pilha e ponha as cartas na mesa uma de cada vez, partindo da que estiver no alto, ou abrindo um leque e escolhendo as cartas uma por uma. Elas devem estar com a face voltada para baixo.

Disponha cada carta na ordem indicada pela tiragem. Você pode fazer isso mantendo-as com a face voltada para baixo ou para cima, de modo a ver imediatamente qual é cada carta. Ambos os métodos têm vantagens. Se as cartas estiverem com a face voltada para baixo e você as desvirar uma de cada vez, aumentará a sensação de mistério e emoção, além de poder concentrar-se mais facilmente em cada carta à medida que ela for revelada. Dispondo as cartas com a face voltada para cima, você tem uma oportunidade de ver a tiragem como um todo antes de começar a ler cada carta. Isso pode ajudar a determinar o tema da resposta. Por exemplo, a presença de muitas cartas dos Arcanos Maiores pode indicar um foco muito espiritual; muitas cartas de Taças podem mostrar uma situação bastante emocional; muitos ases podem indicar um momento de novos começos. Às vezes, as cores e os símbolos também podem contribuir para revelar a resposta. Se houver muita concentração de vermelho, pode ser indício de uma situação exaltada, passional ou imprevisível.

Depois de dispor as cartas, comece a interpretá-las, tendo em mente a posição em que cada uma está, já que essa posição afeta a interpretação. Quando terminar, você pode registrar sua leitura em um diário ou caderno de anotações. Isso é extremamente recomendável. Fazendo isso, você pode ver se determinadas cartas sempre aparecem em suas leituras. Além disso, pode voltar a suas leituras para verificar a precisão de sua interpretação da tiragem e sua objetividade. O tempo sempre nos dá uma percepção melhor das coisas. Mesmo que, na época, sua objetividade tenha deixado a desejar, você pode cultivá-la. Revisando suas leituras e observando como seu desejo afetou sua interpretação, você terá mais condições de evitar que isso aconteça no futuro.

Registrando suas leituras, você verá também como seus dotes mudam e melhoram. Fazer uma leitura não é difícil, mas requer prática. Para formar uma história coerente, você precisa não apenas conhecer os significados das cartas, mas também entremeá-las à tiragem levando em conta as posições que ocupam nela.

Exercício 8

Antes de fazer uma leitura, experimente fazer este exercício como aquecimento. Vamos usar uma tiragem comum de três cartas, na qual elas são dispostas em uma linha horizontal. A primeira carta representa o passado, a do meio, o presente, e a última carta, o futuro. Porém, neste exercício, faremos as posições representarem o início, o meio e o fim de uma história. Embaralhe suas cartas e abra três. Crie uma história usando as três cartas na ordem indicada. Este exercício o ajudará a fazer as cartas fluírem para formar um todo, em vez de vê-las como partes desconexas.

Os toques finais

Agora você tem as ferramentas de que precisa para fazer adivinhações. Talvez o processo não seja tão teatral ou misterioso quanto você esperava. Talvez você quisesse um pouco mais de dramaticidade. Embora certamente não sejam necessários, pequenos acréscimos também não fazem mal. Na verdade, eles podem ser úteis. Simples ou elaborados, os rituais contribuem para a concentração e podem propiciar uma energia útil e positiva. Estas são apenas algumas ideias que você talvez queira testar:

- Crie um espaço para sua leitura definindo um "astral". Acenda velas e/ou incenso selecionados para promover a concentração, a comunicação ou a união com o divino. Tenha por perto representações físicas dos naipes como lembrete para buscar o equilíbrio em suas leituras: uma vela ou graveto para Bastões (Fogo), um cálice ou copo d'água para Taças (Água), uma pequena faca, pena ou incenso para Gládios (Ar) e uma pedra ou um punhado de terra para Pentagramas (Terra).
- Prepare-se procurando centrar-se e estabilizar-se. Respire fundo algumas vezes, ore ou medite antes de embaralhar as cartas ou enquanto as embaralha.
- Crie um ritual para embaralhar suas cartas. Muitos leitores gostam de embaralhar as cartas sete vezes, tanto pelo fato de o 7 ser um número místico quanto pelo de assim poder misturá-las muito bem. Alguns gostam de cortar o baralho em três pilhas e depois juntá-las aleatoriamente antes de distribuir as cartas.
- Ao fim da leitura, guarde seu baralho para a próxima vez, purificando-o ou guardando-o com pedras, cristais ou ervas, se quiser. Caso envolva seu baralho em um tecido grande o suficiente, você poderá estendê-lo na mesa para dispor sobre ele as cartas. Aqui vai uma dica: não escolha um tecido muito trabalhado nem excessivamente colorido, pois ele poderá competir visualmente com as imagens das cartas. Essas imagens devem ser seu principal foco.

Os Arcanos Maiores

As imagens e significados de cada carta do tarô são complexos e, às vezes, contraditórios. As cartas cobrem uma ampla gama de significados, de extremo a extremo. Por exemplo, a mãe cuida dos filhos e os alimenta, e nós vemos isso como positivo. Entretanto, se o zelo da mãe for possessivo ou obsessivo demais, seus cuidados podem sufocar ou controlar os filhos. Para cada carta, haverá uma descrição e um significado geral e, em seguida, serão apresentados os perigosos extremos, que também fazem parte de seu significado.

Exercício 9

Enquanto ler a respeito de cada carta, examine a imagem. Anote tudo que lhe fala diretamente e também o que não lhe diz nada. Compare essas observações às anotações que fez no Exercício 3. Em que elas são iguais e em que diferem? Anote uma experiência de sua vida que se relacione a cada carta.

0, O Louco

O Louco está no início de sua jornada. Todas as possibilidades e contradições evidentes existem nesse momento. Os signos do zodíaco que ele manipula tão distraidamente indicam tanto a ciência do céu quanto a vastidão da imaginação humana. Esses símbolos representam todos os tipos de traços da personalidade. Com qual ele vai acabar ficando? Será que ele mesmo fará essa escolha importante ou esta será feita pelo acaso? Estará brincando quando deveria estar sério ou sua brincadeira é cheia de sabedoria? Por falar em brincar, esse arco de ouro a seus pés é algo em que deveria prestar atenção ou uma possível distração? O Louco não sabe e também não se importa muito. Ele vive no momento, cheio de deslumbramento e curiosidade, sem se preocupar com onde essa jornada vai terminar.

A mensagem do Louco é a das escolhas anticonvencionais. Confie sem exigir provas. Adote uma atitude brincalhona numa situação séria. Você está em uma encruzilhada e não tem como saber onde cada estrada vai dar. Escolha a que mais lhe agradar e parta, com coragem e com o coração leve. Prepare-se para enfrentar todos os desafios com confiança.

Cuidado com a displicência e a insensatez. Há uma diferença entre correr um risco e se jogar de cabeça no perigo. A irresponsabilidade pode levar a um longo caminho de infelicidade.

I, O Mago

O Mago é um homem sério que se dedica a algo sério. Além de exímio mágico, ele é uma espécie de homem da ciência. Ao contrário do Louco, ele tem plena consciência das leis de causa e efeito, dos atos e de suas consequências. Ele está consciente da força de sua vontade. Ele está consciente da importância de suas escolhas. Concentrando a própria vontade, ele controla as forças elementais representadas pelo Bastão, Taça, Gládio e Pentagrama, que são suas ferramentas. Aprendendo a controlar a vontade e os elementos, ele pode realizar tudo que quiser.

A mensagem do Mago é a da disciplina e a da responsabilidade. Você tem dentro de si a força para realizar tudo que quiser. Tem à sua disposição as ferramentas necessárias. Concentre sua vontade e cultive seus dons.

Cuidado com o controle e a manipulação. O poder pode deixá-lo cego para aquilo que é apropriado. Lembre-se do estereótipo negativo do Mago como charlatão ou vigarista.

II, A Sacerdotisa

A Sacerdotisa fala do desconhecido e de contradições. Embora traga no rosto uma máscara, suas vestes são transparentes. Ela flutua, o pé mal tocando a superfície das águas do subconsciente, tendo a cabeça coroada com nove orbes resplandecentes que representam os nove planetas. Ela vive entre dois pilares que sustentam mecanismos cuja finalidade não está clara. Por trás dela, o céu noturno aponta tanto para o mistério poético da lua quanto para os cursos mapeados com lógica dos corpos celestes. Ela ilude, promete conhecimento; ela pode ser perigosa. Devemos aceitar sua energia e sabedoria com cautela.

A mensagem da Sacerdotisa diz respeito a uma espécie de saber que está além da lógica. Preste atenção à sua intuição e reconheça que existem diferentes formas de saber. Enquanto as estrelas e os planetas do céu noturno podem ser mapeados e entendidos racionalmente, esse mesmo céu nos inspira de maneiras alheias à razão.

Cuidado para não se demorar demais nos reinos inebriantes da Sacerdotisa. Você deve transformar sua inspiração em ação. Respeite a musa, mas não se torne seu escravo.

III. A Imperatriz

A Imperatriz sucede à Sacerdotisa assim como, idealmente, a manifestação sucede à inspiração. Cercada de símbolos astrológicos que representam as possibilidades da vida, seu cinto vermelho e seus cabelos ígneos falam de sensualidade e paixões terrenas. Porém, cobrindo toda essa paixão está seu esvoaçante manto azul, que representa a emoção. Um colar que lembra o sistema solar pende junto a seu coração. Sua ação é, em grande parte, interior e alentadora, cercada de sentimento. Ela é o arquétipo da Mãe, da qual flui toda a vida. Na mão, a Imperatriz traz um círculo com uma cruz, um símbolo do feminino e também um símbolo do equilíbrio entre os opostos – tanto a ideia quanto a forma física da ideia. No nível mais básico, ela é o paradigma do amor e o nascimento da vida que provém desse amor.

A mensagem da Imperatriz é a da criação e a da paixão. Você tem condições de alimentar e dar à luz um projeto. Explore a energia da Mãe Terra e celebre suas dádivas. Reconheça, respeite e celebre seus sentidos, o mundo físico e a natureza.

Procure manter um equilíbrio saudável. Não deixe que suas emoções ou seus atos se tornem obsessivos ou controladores, e não permita proliferações caóticas por tentar fazer coisas demais. Um jardim precisa de cultivo atento e amoroso – o excesso e a falta comprometem o delicado equilíbrio da beleza.

IV, O Imperador

Em muitos aspectos, o Imperador é a imagem simétrica da Imperatriz. Talvez o mais óbvio seja a inversão das cores de seus trajes. O vermelho passional do traje do Imperador é exterior, assim como seus atos. Ele está cercado, não pelos glifos abstratos da Imperatriz, mas sim pelos signos mais realistas do zodíaco. Ele traz na mão sua representação do sistema solar, demonstrando um controle mais exterior que o da Imperatriz. Apesar de movido pelo amor e pelo desejo daquilo que é melhor para todos, como indica sua túnica azul, ele está mais preocupado com o funcionamento concreto do dia a dia. No nível social, o Imperador busca criar estabilidade para que a sociedade possa atingir seu bem maior. Como arquétipo do Pai, deseja propiciar a seus filhos uma base sólida, que lhes permita dar o melhor de si.

A mensagem do Imperador é a da estabilidade saudável. Crie um ambiente que lhe permita dar o que tem de melhor. Procure em sua vida a boa ordem das coisas em termos do lar, do trabalho e dos relacionamentos. Agradeça às regras da sociedade, que permitem que a vida transcorra de maneira tranquila e pacífica.

Cuidado com as regras e normas que promovem a asfixia e a estagnação. Em vez de liberar, criar na vida a ordem pela ordem inibe. Aprenda a distinguir quando é a hora de questionar as obrigações e os costumes da sociedade.

V, O Hierofante

Ostentando uma vestimenta que indica sabedoria, um líder e mestre quase desaparece no pano de fundo. A janela de vitrais que o envolve nos traz à mente as grandiosas catedrais do passado, incríveis poemas de vidro e pedra que se alçam em direção ao céu. Este é um símbolo que retrata particularmente bem os maiores feitos da humanidade na compreensão dos mundos físico e espiritual. Uma visão do universo – de tudo que há a conhecer, tanto física quanto espiritualmente – jaz além. Tomando esses elementos como se fossem três níveis, vemos ao fundo o universo cognoscível, depois, a compreensão e o uso desse conhecimento pela humanidade e, finalmente, a transmissão desse conhecimento para cada indivíduo por meio da educação formal e da formação religiosa.

A mensagem do Hierofante nos relembra as maravilhosas realizações da humanidade e os grandes mananciais de conhecimento que temos à nossa disposição. Respeite as realizações das gerações passadas. Use esse conhecimento para criar com propósito e beleza. Não desdenhe a tradição de imediato; veja quantas maravilhas ela tem a oferecer.

Cuidado para não seguir a tradição cegamente. Não aceite todo conhecimento sem antes o questionar; questione a autoridade. Consulte o coração e a mente antes de incorporar qualquer crença ou prática à sua vida.

VI, Os Enamorados

Uma união perfeita, apaixonada, romântica e idealizada surge das águas de nosso subconsciente e de nossos sonhos. Mais que romance, mais que um homem e uma mulher, vemos aqui os elementos necessários para atingir essa união. O casal tem os pés na água, o que mostra uma profunda conexão entre suas emoções. A roupa vermelha do guerreiro e o laranja forte do pôr do sol cercam a cena de paixão ardente. A beleza e o abandono da mulher sugerem sensualidade carnal. Apesar de serem criaturas da água, os golfinhos indicam inteligência e comunicação, que são características do elemento ar. Finalmente, o movimento ascendente do casal e o olhar da mulher, voltado para o céu, ilustram um foco mais sublime no reino espiritual.

A mensagem dos Enamorados nos estimula a fazer escolhas boas e equilibradas. Com efeito, nos primeiros baralhos de tarô, esta carta era chamada a Escolha e mostrava um homem optando por uma de duas mulheres. Considere todos os aspectos antes de comprometer-se tomando qualquer decisão. Faça uma boa escolha e crie uma base que o ajude a concretizar seus melhores sonhos.

Cuidado para não deixar que um dos dois elementos da equação venha a eclipsar tudo o mais. Um relacionamento que se baseia apenas na atração física, uma decisão profissional que só tem um apelo intelectual ou a oportunidade de comprar uma casa em mau estado de conservação pode não ser a melhor opção a longo prazo.

VI, O Carro

O Carro é uma carta de vitória. O medalhão do sol que o encima indica o imenso poder e concentração da mente da mulher. Embora a vitória pareça um conceito bastante claro, a carta está repleta de contradições. Uma mulher vestida de púrpura – a cor da realeza – está num carro. Em vez de cavalos e movimento para a frente, vemos duas esfinges. As esfinges muitas vezes simbolizam charadas. Suas cores – prata e ouro – representam ideias opostas. A mulher parece conduzir sem rédeas esse veículo imóvel; na verdade, ela olha em outra direção. Sim, esta é uma carta de vitória. A mulher detém o controle, ganho talvez só com a força da vontade. Mas ela não matou a charada das ideias opostas. Ela tem sucesso, mas não compreensão.

A mensagem do Carro é a da força de vontade e a do controle. Reconheça sua força e sua capacidade de manter a ordem em meio ao caos. Saiba que pode atingir mais do que imagina. Comemore suas realizações.

Cuidado para não reprimir problemas nem fugir de ideias que o confundem. Depois que atingir seus objetivos, não pare completamente, achando que chegou lá. Sempre há mais a aprender e realizar.

VIII, A Força

Uma mulher caminha ao lado de um leão com um grande senso de propósito. A corrente que pende frouxamente em torno do pescoço do leão é segurada com displicência equivalente pela mão dela. O leão é os instintos animais da mulher. Ela não se deixa guiar por esses instintos nem os arrasta atrás de si. A reserva de força, potência e coragem está lá, para quando ela precisar.

A mensagem da Força destina-se a lembrar-lhe que tem mais força, potência e coragem do que imagina. Aprenda a conviver facilmente com esses dons e use-os quando for apropriado.

Cuidado com os dois extremos: não deixe que sua força ou seus desejos mais ignóbeis o controlem. Do mesmo modo, não renegue sua própria força.

IX, O Eremita

Um ancião misterioso percorre um caminho estreito e solitário. Ele traz consigo um lampião, que representa sua mente e o conhecimento que adquiriu, e um cajado, que simboliza a força de sua vontade. Seu cinto vermelho indica um pouco da paixão que o move em sua busca. Embora conheça o mundo muito bem e tenha vontade forte, ainda há muito por resolver no coração. Sozinho, ele se retira para contemplar, para comparar o conhecimento convencional ao que sente no coração.

A mensagem do Eremita é a do autoconhecimento. É hora de recolher-se, de contemplar o que sabe e de verificar se aquilo em que você acredita reflete o que dita seu próprio coração. Agora você deve saber quem é e em que acredita. Assim, poderá confiar em si sem depender da opinião alheia.

Cuidado para não se recolher por demasiado tempo nem pelas razões erradas. Fugir da vida por medo ou para evitar as responsabilidades não é o mesmo que autoanálise.

X, A Roda da Fortuna

Às vezes vista como Destino, essa roda intimida a maioria de nós porque gira à nossa revelia. Aqui temos uma roda inteiramente mecanizada que, conforme indicam os símbolos astrológicos que ostenta, é controlada pelas estrelas, pelos ritmos da natureza e pela vida. Às vezes, acontecem coisas que nos parecem inexplicáveis, mas a vida é cheia de ciclos e faríamos bem em nos lembrar disso. O sol no centro da roda pode representar nossa mente. Se estivermos centrados e seguros, pouco importa como a roda gire, pois não estaremos à sua mercê. Podemos ver as coisas como quisermos: como bênção ou maldição, como tragédia ou oportunidade.

A mensagem da Roda da Fortuna é dupla. Primeiro, saiba que a vida tem altos e baixos e que muitas vezes acontecem coisas que o afetam, mas que não são, a rigor, pessoais. Por exemplo, a empresa na qual você trabalha é comprada por outra e sofre uma reestruturação. Seu cargo é eliminado. Embora o afete profundamente, isso não foi feito para o ferir pessoalmente. Segundo, os fatos da vida só são bons ou maus se você decidir encará-los dessa maneira. Mantenha o centro e o foco e não se mortifique por coisas que estão além de seu controle.

Cuidado para não usar os ciclos da roda como desculpa para negligenciar a responsabilidade pessoal. Lembre-se das coisas que pode controlar e não culpe as circunstâncias por erros que na verdade são seus.

XI, A Justiça

A personificação da Justiça traz nas mãos o passado e o futuro. A balança representa o equilíbrio kármico da vida, que deve ser preservado. A imagem do sol é você, bem no meio de seu passado e seu futuro. A Justiça está vendada; não pode ajudá-lo nem feri-lo. Foi você quem fez seu próprio karma. O que tiver feito no passado vai determinar seu futuro.

A mensagem da Justiça é simples. Com seus atos, você cria seu próprio futuro. Você chegou a um ponto em que questiona por que algo está acontecendo. Examine o que fez no passado. Foram seus atos que deram origem à atual situação? Este é o momento de assumir responsabilidade por sua vida.

Cuidado para não ceder ao desânimo. Embora os erros do passado tenham repercussões futuras, seus atos no presente também direcionam o futuro. Aprenda com seus erros e faça escolhas agora que conduzam a um futuro mais feliz.

XII, O Enforcado

O Enforcado lembra o Louco mais que qualquer outra figura dos Arcanos Maiores. Pendurando-se de cabeça para baixo, comportando-se de um modo incompatível com a sociedade, o Enforcado pode ser considerado um tolo por muitos. Porém a diferença entre os dois é importante. O Enforcado vem de uma experiência difícil que lhe dá uma sensação de paz e compreensão que só aqueles que conseguiram enfrentar grandes provações alcançam. O sol representa a visão que ele tem de si e de seu lugar no universo. Ele pode se debater às vezes, mas sabe quem é e de onde vem sua força. Está disposto a sacrificar a aprovação da sociedade para ser fiel a si mesmo.

A mensagem do Enforcado: é preciso saber quando e o que sacrificar. Não esqueça quem é e torne todos os seus atos e decisões uma decorrência dessa visão. Mesmo que seus atos pareçam inadequados ou fora de sincronia com os demais, é melhor abrir mão da aprovação alheia que deixar de ser fiel a si mesmo. Não ponha mais fé no que os outros pensam do que naquilo que você acha certo.

Cuidado para não racionalizar comportamentos bizarros ou impróprios dizendo que só está sendo você mesmo. Será que isso é verdade? Ou você está só procurando uma desculpa para se comportar mal sem se sentir mal?

XIII, A Morte

Todos nós enfrentamos a morte em algum de seus aspectos. Aqui, estamos falando de uma morte psicológica, e não de uma morte física. Nessa carta, a caveira nos mira de frente, com resolução inexorável. A mensagem arrepiante é: se quiser ir além deste ponto, você terá de atravessar a morte. Por que alguém desejaria fazer isso; qual é a vantagem? A Morte ostenta as recompensas em seu estandarte e em seu escudo. A flor branca simboliza a pureza do desejo, e o cavalo branco, a pureza da vontade. Quem quer que deseje continuar sua jornada espiritual precisa delas. Elas indicam a morte do ego e, com ela, a de velhas crenças que já não nos servem mais. Isso precisa acontecer para dar lugar à nova energia e nova vida.

A mensagem da Morte é que o crescimento espiritual traz sofrimento. Não é fácil renunciar a certos comportamentos e crenças nem admitir erros no pensamento e na prática. Sem negar a magnitude da morte do ego, os emblemas do que virá – maior força espiritual – nos relembram que nenhum esforço deixa de ter sua recompensa.

Cuidado com o receio de mudar, de renunciar a ideias obsoletas. O medo da mudança leva à estagnação, que pode ser mais persistente e penosa que a morte, pura e simplesmente.

XIV, A Temperança

Uma mulher ardente, inflamada e cheia de paixão talvez seja uma imagem incongruente para uma carta que significa moderação. Como as esfinges de ouro e prata do Carro, as taças de ouro e prata representam extremos. Temperar significa misturar ou combinar, como essa mulher tempera extremos – quaisquer extremos – de comportamento, convicção ou sentimento. Ela aprendeu a temperar a vida de tal forma que preserva e expressa sua paixão com perfeição. Aprendendo a fazer isso, ela vive a vida da maneira mais plena possível, tendo as convicções interiores em perfeita harmonia com os atos exteriores e com o mundo que a cerca.

A mensagem da Temperança é simples de entender, mas difícil de praticar. Modere sua vida de todas as maneiras: física, espiritual, emocional e intelectualmente. Torne sua ação (ou inação) apropriada à situação. Essa carta, mais que qualquer outra no tarô, fala do equilíbrio perfeito expresso com perfeição.

Cuidado com o destempero e os extremos de comportamento. Além disso, não deixe que o medo de errar o leve à inação constante. A inação às vezes é a opção certa, mas nem sempre.

XV, O Diabo

Intrigante, poderoso, irresistível; que figura mais perigosa e atraente! Além de reforçar o mistério e o fascínio, a máscara nos adverte que esse homem esconde alguma coisa. Ele usa um pentagrama, o que fornece um indício de seu pragmatismo e de prazeres sensuais. Entretanto, como os olhos estão cobertos, ele busca esses prazeres às cegas, sem considerar mais nada. Ele é obsessão, escravidão e práticas destrutivas. Ele é o que acontece – o que podemos nos tornar – quando nossa vida perde inteiramente o equilíbrio.

A mensagem do Diabo é uma advertência, uma espécie de fábula que serve de alerta. Se a Temperança é o equilíbrio perfeito expresso com perfeição, o Diabo é o equilíbrio imperfeito perseguido com temeridade. Todos os excessos – comer, trabalhar, praticar exercícios, fazer sexo – levam a uma vida desequilibrada. Dê ouvidos a essa mensagem e modere seu comportamento. Fique alerta para as obsessões em seu dia a dia. Não deixe que nenhuma convicção ou prática eclipse todos os demais aspectos de sua vida ou de suas responsabilidades, diante de você mesmo e dos outros.

Cuidado com o pavor dos prazeres, pois o medo da dependência pode levá-lo a reprimir ou negar todos os desejos, inclusive os saudáveis.

XVI, A Torre

Construída com tanto cuidado, a Torre bela, alta e forte representa nossa visão de mundo. Conforme o necessário, nós lhe impusemos acréscimos e alterações. Esperávamos que ela durasse e nos servisse. Atingida por um raio que, de repente, cai do nada, a Torre é destruída. O raio simboliza, de alguma forma, um momento de iluminação, de percepção ou de experiência, que abala até as bases de nosso mundo. Caímos, como o homem nu, desde a própria estrutura. Precisamos de reconstrução. E não temos nada... ou assim parece. Porém não ignore o que o relâmpago lhe revela.

A mensagem da Torre é uma mensagem difícil. Ao contrário da Roda, com sua mensagem filosófica de centramento, e da Morte, com sua promessa de iluminação espiritual, a Torre não parece oferecer muito além da destruição. Nosso sistema de crenças nos ajuda a encontrar tranquilidade no centro da Roda e nos dá coragem para enfrentar a Morte. Na Torre, esse sistema de crenças é abalado. A boa notícia é que ele geralmente é abalado por uma verdade que não reconhecemos antes. É bom conhecer a verdade; no fundo, ignorância não é felicidade.

Cuidado para não dramatizar excessivamente as situações. Se reagir desproporcionalmente a tudo que lhe acontecer na vida, pode acabar mal preparado para lidar com trauma ou tragédia de verdade.

XVII, A Estrela

Tudo aqui transmite paz, calma e esperança. Esta mulher representa a fé perfeita. A estrela em sua fronte está ligada à do céu, mostrando união entre pensamento e espírito. A mulher sabe que os mecanismos celestes estão em perfeito funcionamento e que tudo acontece em seu devido momento. Irmã da Temperança, a Estrela é mais natural em sua nudez, mais centrada em sua humilde posição na água. Em vez de controlar e conservar o líquido, como a irmã, ela esvazia suas jarras sem reservas, com fé em que voltem a se encher.

A mensagem da Estrela é uma mensagem de reabastecimento e fé. Saiba que os ciclos da natureza são verdadeiros e naturais e que, após um momento difícil, vem outro melhor. E, quando ele vier, entregue-se a ele – mergulhe nas águas refrescantes da fé e na luz constante da Estrela. Saiba que seu coração e sua fé se renovarão.

Cuidado para não perder a fé, não se desesperar, não desistir. A Estrela promete esperança. Não perca a fé nessa promessa.

XVIII, A Lua

Este belo orbe nos inspira como nenhum outro. Ele nos fala à alma. Ele libera nossos instintos animais, como o uivar dos cães. Ele convida os siris, essas estranhas criaturas que representam nossos medos mais profundos, à superfície. O luar nos permite fitar a Lua, mas propicia sombra suficiente para que ignoremos sua luz, se tivermos cuidado. A deusa da Lua nos aguça a intuição. É bem verdade que nos mostra nossos piores pesadelos... mas, por outro lado, também nos dá nossos melhores sonhos.

A mensagem da Lua tem tantas sombras quanto uma noite de luar. Preste atenção a seus sonhos e sua intuição. Enfrente seus medos, mesmo que seja aos poucos. Atente para sua alma.

Cuidado para ver as coisas com clareza, para não ter medo das sombras e para não se deixar desencaminhar por imagens sombrias que não são o que parecem.

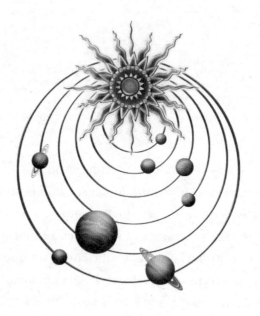

XIX, O Sol

O Sol, os planetas, as estrelas do zodíaco: tudo está em clara e perfeita ordem. E não só isso, pois essa ordem é algo que se pode ver. Você vê o mapeamento científico dos cursos dos corpos celestes. Você vê os símbolos astrológicos e sabe que o céu frio e matematicamente cartografável é mais que isso, que – mesmo lá – os mitos e histórias abundam. Você vê o universo, com suas camadas de sentidos e contradições, e sente-se à vontade diante dele.

A mensagem do Sol é a da satisfação pacífica com o mundo e seus modos de funcionamento. Você entende o que pode e não se atormenta com o que não pode entender. Você entende a si mesmo e o seu papel no universo, mas também não se aborrece. A vida não pode ser melhor que isso.

Cuidado para não lutar contra toda essa facilidade e felicidade por não estar acostumado a elas. Desfrute ao máximo. E procure não analisar demais as coisas.

XX, O Julgamento

Um anjo de capacete alado, nos traz à mente Mercúrio, o planeta que rege a comunicação. Reforçando a ideia de comunicação, o anjo toca uma trombeta, convocando as pessoas a deixarem suas antigas vidas por novas. Ele as conclama a julgar por si mesmas suas antigas vidas e compará-las às novas. Elas decidirão sozinhas se responderão ou não a esse chamado.

A mensagem do Julgamento é clara. Você está sendo convocado a fazer alguma coisa. Talvez não queira ouvir esse chamado e até o abafe com os ruídos da vida cotidiana. Talvez tenha receio dele e das mudanças que causará. Escute-o e enfrente-o com coragem e ação. Ele promete uma vida mais gratificante.

Cuidado com duas coisas: primeiro, ignorar o chamado ou encolher-se diante dele por medo ou obstinação; segundo, confundir os desejos de outras pessoas ou da sociedade com um verdadeiro chamado. Não se sinta obrigado a dançar conforme a música alheia e não ignore a música de seu próprio coração.

XXI, O Mundo

Uma mulher coloca-se diante do mundo com altivez, dignidade e segurança, cercada por uma coroa de louros, que indica seu domínio. Em ambas as mãos, traz bastões que representam sua vontade. Ao contrário das demais figuras dos Arcanos Maiores, sua vontade está em sintonia com os dois lados de si; ela atingiu o equilíbrio entre o consciente e o inconsciente. Essa mulher comemora um grande feito. Por isso, é reconhecida pelo mundo e, o mais importante, por si mesma.

A mensagem do Mundo é a da finalização e a da realização. Você tem uma sensação natural de união com o universo e seu domínio sobre o eu se processa sem esforço algum. Você é guiado pelo ritmo da natureza e do seu coração. Eles são um só.

Cuidado com a falsa sensação de segurança. Em teoria, o Mundo representa total conclusão. Entretanto, na vida humana, isso nunca é atingido de fato. Mas, por ainda sermos humanos, podemos atingir uma unidade parcial ou temporária. Essas experiências temporárias ou parciais nos estimulam a continuar crescendo e a seguir em frente, quando não há nenhuma outra razão para viver aquele raro momento de liberdade e compreensão novamente.

Os Arcanos Menores

Enquanto os Arcanos Maiores são energias arquetípicas, os Arcanos Menores são os ecos dessas energias na vida cotidiana. Eles são as experiências que compõem nossa existência. Cada um dos Arcanos Menores descreve uma situação e, às vezes, oferece um conselho que remonta ao Arcano Maior do mesmo número.

Exercício 10

Como vimos, os números dos Arcanos Menores têm significados. Pegue os quatro ases e compare como cada naipe expressa o significado de "um". Faça o mesmo com os dois, três, quatros etc. Observe como o naipe afeta e modela o significado do número.

Bastões

Ás de Bastões

Como todos os ases, este também é uma dádiva do universo. Ao contrário dos demais ases, o Ás de Bastões é concedido por mãos humanas, o que indica uma faceta do universo mais solidária à condição humana. Em alguns aspectos, esta é, dos ases, a dádiva mais amável e generosa. Ela é o começo de tudo: a centelha da vida. É também a dádiva da vontade, da inspiração, da ação, da paixão e da coragem. Essa luz que vem do céu é o início de todas as nossas ideias e projetos. Como o Mago, o Arcano Maior I, ele diz respeito ao contato com planos superiores, à concentração da vontade e à capacidade de atingir metas.

Você chegou a um ponto propício: recebeu um presente, uma ideia, um projeto ou uma oportunidade profissional. Aproveite-o com confiança e gratidão.

Cuidado com a inação e a perda de oportunidades. O Ás de Bastões é uma dádiva que exige ação de quem a recebe.

Dois de Bastões

Um viajante se vê diante de uma bifurcação no caminho e de uma difícil decisão. Por fora, esta carta faz lembrar o Louco. Mas, ao contrário do Louco, o viajante tem consciência do futuro e quer fazer a melhor escolha, o que não é fácil quando as opções são tão semelhantes. As diferenças estão bem longe, no horizonte. O que é melhor: o céu claro e a montanha imensa ou o céu vermelho e a montanha menor? E que dizer dos veados? Posando como guardiães, o que farão após a escolha do viajante? De que modo essa escolha afetará imediatamente a situação? Como a Sacerdotisa, o Arcano Maior II, o viajante deve explorar um nível mais profundo de saber.

Você está em uma encruzilhada. A escolha certa não está clara, pelo menos em termos de lógica, pois há demasiados elementos desconhecidos. Os Bastões não dizem respeito à lógica; eles se relacionam à inspiração e à coragem. Obedeça a seus instintos e vá em frente com galhardia.

Cuidado com a estagnação. Os Bastões se relacionam à ação. Este não é o momento de ficar parado.

Três de Bastões

Um homem está na praia observando uma nau zarpar. Ou talvez retornar. Seja como for, ele investiu nela. Independentemente de seu sucesso ou fracasso, no momento o futuro está fora de seu controle. Ele não pode afetar seu desfecho. Esta é provavelmente a mais difícil das cartas de Bastões. Como a Imperatriz, o Arcano Maior III, este é um momento de gestação, e não de ação ou controle.

Você fez uma escolha e agora deve aguardar os resultados. Estar paciente ou impaciente na verdade não importa – nada disso afetará o desfecho. Porém é uma boa oportunidade para aprender a ter paciência e autocontrole.

Cuidado com a precipitação. Embora ficar parado seja frustrante, deixe que as coisas sigam seu curso. Não se desgaste desnecessariamente.

Quatro de Bastões

Uma família satisfeita e afetuosa encontra-se entre quatro bastões, cada um com uma guirlanda de flores no topo. Eles se empenharam e atingiram um resultado estável e gratificante. Os coelhos indicam uma época de abundância. A libélula sobrepõe à cena uma sensação de felicidade. A guirlanda representa a sensação de união e beleza. Como o Imperador, o Arcano Maior IV, eles se esforçaram juntos pelo bem de todos e criaram um ambiente em que todos se sentem realizados.

Você atingiu um objetivo satisfatório. Comemore-o. Orgulhe-se do que fez.

Cuidado com a insatisfação. Este não é o momento de criticar sua realização.

Cinco de Bastões

Em uma clareira, cinco homens competem. Eles usam bastões, que representam suas vontades e dotes, para lutar. Fazendo isso, conhecem seus pontos fortes e fracos e, ao mesmo tempo, auxiliam os companheiros da mesma maneira. O Hierofante, o Arcano Maior V, diz respeito ao que há de melhor na realização coletiva humana. O Cinco de Bastões mostra como ajudamos, a nós e aos outros, a almejar àquilo que temos de melhor e, assim, contribuir para o bem da coletividade.

Você está em uma situação competitiva. Veja-a pelo que é: uma oportunidade de crescer e ajudar outros a crescer também. Embora a competição envolva outras pessoas, na verdade você está competindo consigo mesmo. Faça o que puder, por seu bem e pelo bem dos outros.

Cuidado com as motivações impróprias. Entre na competição para aperfeiçoar a si mesmo e à sociedade, e não para machucar nem destruir ninguém. Jogue conforme as regras. Tenha confiança em si e não trapaceie para obter vantagens injustas.

Seis de Bastões

Um homem passa, montado a cavalo, em meio a bandeiras coloridas e a uma multidão que o aplaude. Ele desfruta de uma recepção digna de herói, pois celebra uma grande vitória. Os Enamorados, o Arcano Maior VI, mostram o júbilo e a glória decorrentes de escolhas sábias e equilibradas. Os feitos do homem só podem ser o resultado de decisões assim.

Você merece receber congratulações públicas por seus atos. Agiu bem e merece ser reconhecido. Desfrute dessas honrarias.

Cuidado para não se demorar demais na comemoração. Embora o sucesso deva ser comemorado, não se deite demais sobre os louros de sua vitória.

Sete de Bastões

Diante de uma porta ligeiramente aberta para o céu noturno, um homem defende sua posição. Com força e bravura, enfrenta todos os que se aproximam. Esta não é uma competição benéfica como a do Cinco de Bastões; é mais ameaçadora. Como o Carro, o Arcano Maior VII, ele está decidido e tem certeza da própria vontade. Entretanto, apesar do controle da vontade, há uma falta mais profunda de compreensão, um eco do Carro, indicado pelo céu noturno atrás dele. Seus atos estão sendo questionados. Embora sua compreensão seja imperfeita, suas convicções o levam adiante.

Você foi chamado a defender seus atos ou convicções. Não receie o ataque. Use as perguntas que lhe fizerem para esclarecer sua compreensão. Se suas convicções forem sólidas, um exame mais detido não fará nenhum mal e ainda aumentará sua sabedoria.

Cuidado com a obstinação infantil. Se descobrir que sua postura está errada, admita a derrota e refine suas convicções para que elas possam resistir a um exame. Por outro lado, não desista da luta por medo.

Oito de Bastões

Oito bastões voam ordenadamente pelo céu sobre uma pacífica cena pastoral. Por já terem sido arremessados, como os bastões cairão está determinado. A certeza e a velocidade com que se movem são inalteráveis. Assim como o leão e a mulher caminham juntos e unidos por um objetivo comum na Força, o Arcano Maior VIII, o mesmo se passa nos eventos do Oito de Bastões. A deliberação e o delicado equilíbrio da Força se aliam à ação passional de Bastões. As coisas que devem acontecer estão prestes a acontecer.

Você está aguardando um desfecho. Não vai esperar muito. Os eventos desencadeados se encaminham rápido para sua conclusão inexorável.

Cuidado com o risco da interferência. A alteração do movimento de um dos bastões afetará os demais devido à sua proximidade. As associações são intricadas, e talvez você não consiga prever as repercussões mais amplas de seus atos.

Nove de Bastões

Cansado, um soldado se retira de um cerco insuperável. A vontade, representada por seu cajado, é a única coisa que o mantém de pé. Ele não previa esse fracasso e está confuso com a situação. A experiência não refletiu suas expectativas. O minúsculo escaravelho à sua direita indica a voz sutil de sua alma. Como o Eremita do Arcano Maior IX, o guerreiro deve retirar-se para se recompor. Ele precisa comparar aquilo em que acredita à sua experiência concreta para tentar conciliar as duas coisas.

Um fracasso o pegou desprevenido. As coisas não correram como planejado, e você não sabe bem por quê. Pare para refletir, tente determinar o que aconteceu e por quê. Aprenda com a situação e retome a batalha.

Cuidado com o desespero. Embora a situação seja difícil e talvez confusa, não desista. Recolha-se para se curar e aprender, não para fugir da vida.

Dez de Bastões

Um homem carrega um enorme fardo com deliberação noite adentro até os primeiros alvores da manhã. Ele está quase no fim de sua cansativa tarefa. A lua cheia, ao alto, e a aurora que desponta no horizonte indicam o fim de um ciclo. Esta carta é um eco do girar da Roda da Fortuna, o Arcano Maior X. Os veados observam silenciosamente à distância, talvez inspirando o homem com sua força tácita.

Você está quase no fim de uma tarefa árdua. Pode estar exausto, mas a luz no fim do túnel, como um belo nascer do sol, lhe dá determinação para terminá-la. Recorra a seus instintos mais básicos para reunir a força necessária à conclusão do que começou.

Cuidado para não parar cedo demais. Não deixe que o alívio por ver o fim da situação o faça vacilar; use-o para direcionar seus atos.

Taças

Ás de Taças

Idealismo, romance, o Santo Graal: esta dádiva do universo dá à nossa vida profundidade e sentimento. Aqui, a dádiva é a pureza da emoção, um amor espiritual destinado a nos guiar. Se voltarmos o olhar para a espiritualidade, poderemos encontrar mais facilmente o caminho em meio à tumultuosa experiência da vasta gama de emoções humanas. Assim como a lua é a mesma, mas parece diferente, a depender da incidência do sol, nossa experiência das emoções varia de acordo com nossa maneira de vê-las. Como a energia do Mago, o Arcano Maior I, a dádiva do graal destina-se a nos guiar. Mas ela pode, como o lado manipulador do Mago, nos conduzir por estradas acidentadas.

Você está sendo levado por um sentimento. Suas emoções estão envolvidas, e você se sente mais vivo que de hábito. Pode ser o início de um romance, uma epifania espiritual ou um desejo de expressão artística. Seja o que for, você está no começo de uma aventura excitante.

Cuidado para não fugir dessa experiência. Não tema, não ignore nem evite a intensidade de seus sentimentos. Embora possa ser incômodo a princípio, aprenda a identificar e a expressar suas emoções.

Dois de Taças

Uma mulher loura e um homem moreno se encontram sob a sombria luz do luar. Sua união cria uma energia única, mística e bela. Assim como a Sacerdotisa, o Arcano Maior II, reúne a poética música dos corpos celestes ao mapeamento científico da astronomia, a loura e o moreno unificam qualidades opostas. O resultado é tão mágico e intrigante quanto a Sacerdotisa.

Você está diante da oportunidade de associar-se a alguém, seja numa união romântica ou numa iniciativa comercial. Seja o que for, tem potencial para criar algo muito especial. Respeite a dádiva do momento e desfrute dela.

Cuidado com os potenciais não realizados. Se todos os elementos de uma forte parceria estiverem presentes, mas não se der nenhum passo à frente, o momento pode se perder. Desfrute da magia do momento, mas não se deixe escravizar por ela.

Três de Taças

Três mulheres dançam no céu, inspiradas pelas águas douradas que correm abaixo. Elas vestem azul (Gládios/Ar), verde (Pentagramas/Terra) e vermelho (Bastões/Fogo). As mais graciosas expressões de todos os elementos encontram inspiração nas profundezas da emoção humana. Além de uni-las, essa experiência emocional lhes permite dar o melhor de si. Como a Imperatriz, o Arcano Maior III, esta carta mostra o júbilo que sentimos ao estimular as pessoas e encontrar nelas a alegria.

Você está rodeado por aqueles que lhe trazem felicidade. Lembre-se de agradecer-lhes e de estimá-los. Dedique-lhes parte de seu tempo para celebrar a simples alegria de estar vivo.

Cuidado para não ignorar os prazeres simples da vida e deixar de reconhecer as pessoas que estão ao seu redor. Este não é o momento de concentrar-se em seus problemas, por mais urgentes que sejam. Pratique a gratidão e veja o que surge dela.

Quatro de Taças

Um jovem sonhador está reclinado no tronco de uma árvore. Embora tenha ao seu lado três cálices encantadores, ele os ignora. Imagina algo melhor; inclusive até recebeu uma oferta melhor. O esquilo na árvore e o rato na grama estão mais interessados na dádiva que o jovem a quem ela se destina. Seus românticos ideais podem fazê-lo perder oportunidades que depois lamentará. Esta carta ecoa o lado negativo do Imperador, o Arcano Maior IV. O desejo de ordem e estabilidade pode levar à busca de uma perfeição que não existe, provocando o desdém pela realidade.

Você não apenas tem dádivas à sua disposição; está recebendo outra neste momento. Mas está se concentrando em um conceito idealizado que não existe, à custa de sua felicidade atual.

Cuidado com o inverso: não abra mão dos ideais saudáveis que norteiam e moldam sua vida por um substituto que deixa muito a desejar. Você precisa reconhecer a diferença entre a convicção e a fantasia.

Cinco de Taças

Um homem se desespera por três taças derramadas, sem perceber que atrás de si há mais duas taças resplandecentes. O período de luto por uma perda é natural e necessário. Mas se ele se prolongar demais, torna-se uma paródia melodramática. Recorrendo à sabedoria do Hierofante, o Arcano Maior V, esse homem pode encontrar orientação e apoio para curar seu coração. Assim, poderá voltar-se para o futuro, encontrar esperança no nascer de um novo dia e receber as duas taças que o esperam.

Você viveu uma perda e deve chorá-la. Procure um amigo ou conselheiro sábio, um orientador espiritual ou uma tradição religiosa que o ajude a curar-se direito para poder abraçar um futuro brilhante em seu devido tempo.

Cuidado para não prolongar seu período de luto, seja por desejo de atenção ou medo do futuro.

Seis de Taças

Crianças brincam em um colorido mundo de fantasia. Taças cheias de flores deliciosas e simpáticos animais as encantam. O gato no primeiro plano representa o presente, e a cena atrás, o passado. Essa lembrança de uma época feliz traz calor, sensação de segurança e inspiração para compartilhar a mesma benevolência. Ela também pode criar uma sensação romantizada de nostalgia que causa uma profunda decepção numa situação atual. Assim como os Enamorados, o Arcano Maior VI, indicam uma escolha equilibrada, esta carta contém um elemento necessário à decisão de como o passado deve afetar o presente.

Você está diante de uma recordação. Reflita cuidadosamente sobre ela, pois as recordações às vezes são traiçoeiras, alteradas pelo tempo, pela distância e até pelos desejos atuais. Certifique-se de que o papel que ela tiver em seus atos presentes seja temperado pela lógica e pela realidade.

Cuidado para não se deixar controlar pelo passado nem por suas ideias do passado.

Sete de Taças

Taças cheias de imagens intrigantes pairam sobre a água. Elas surgiram do subconsciente. Como as vozes das sereias distraem os marinheiros incautos, essas fantasias podem distrair os viajantes de seus verdadeiros rumos. Como a concentração e o controle do Carro, o Arcano Maior VII, é preciso ter força de vontade para superar as distrações da imaginação.

Você está diante de muitas escolhas, oportunidades e sonhos. Inspire-se neles quando puder. Reconheça que são distrações se o desviarem do caminho que escolheu.

Cuidado para não ser subjugado pela força dessas distrações. Elas são tentadoras, e é agradável entregar-se a elas por algum tempo, mas talvez você lamente essa escolha a longo prazo.

Oito de Taças

Um rapaz vira as costas a um amontoado de taças. A toupeira que dorme indica cegueira. Ele fita o horizonte, como se avaliando a paisagem, antes de iniciar sua jornada. Provou de todas as taças e não encontrou o que esperava. Embora possam tê-lo saciado durante algum tempo ou mascarado seus verdadeiros sentimentos, na verdade elas só propiciaram uma espécie de desvio daquilo que o rapaz precisa fazer. A lua cheia sobe, e ele não pode ignorar sua luz e seu chamado, assim como não pode mais ignorar a voz de sua alma. O tempo de cegueira acabou, ele deve aclimatar-se à luz e, como a Força, o Arcano Maior VIII, seguir em frente com determinação.

Você perdeu tempo com desejos e fantasias que o mantiveram longe de seu caminho e do que você sabe que precisa fazer. É hora de abandonar esse conforto superficial e seguir em frente.

Cuidado para não se deixar enganar pela lua. Não confunda o desejo de fugir dos erros com um chamado da alma. Se aqui as taças representarem uma bagunça em sua vida, talvez você deva ficar e arrumá-la.

Nove de Taças

Em seu lar aconchegante, um taberneiro ergue a taça e brinda a seu conforto, abundância e fortuna. Ele investiu na criação de um lugar que receba bem as pessoas e de uma situação segura para si. Sua fortuna, representada pelos barris de cerveja, é de alegria, e não necessariamente de dinheiro ou ganhos materiais. No Arcano Maior IX, o Eremita se retira sozinho para solidificar seu conhecimento e depois retorna ao mundo para compartilhá-lo e ajudar os outros. Do mesmo modo, esse homem encontrou seu próprio caminho e, portanto, tem muito o que compartilhar, até mesmo com os graciosos ratinhos, que brincam sem medo nas cumeeiras.

Você conquistou um lugar de abundância e conforto. Tem muito amor e afeto para dar. Está feliz com o que tem e quer compartilhá-lo com os outros, sabendo que isso só faz suas posses aumentarem.

Cuidado para não levar a energia do Eremita a extremos. Não desfrute sozinho de sua fortuna nem a acumule. Não se deixe levar por uma sensação pomposa de satisfação consigo mesmo e compartilhe com indulgência aquilo que tem.

Dez de Taças

Uma mulher e a filha estão sentadas diante de uma casa aconchegante. O sossego e a diligência em sua atividade doméstica são frisados pela presença de abelhas, enquanto o gato mostra o lado brincalhão do trabalho. Na Roda da Fortuna, o Arcano Maior X, essa família estaria no alto. Sua vida é harmoniosa e livre de dissensão ou conflito.

Talvez você tenha notado a ausência de uma figura masculina. O artista criou essa imagem como se estivesse voltando do trabalho para o lar. A cena mostra a alegria e a satisfação que ele sente.

Você criou uma vida doméstica feliz. Ela é cheia de confortos e atividades gratificantes. Este momento é o paradigma da felicidade familiar. Desfrute dele.

Cuidado para não deixar a satisfação se transformar em preguiça. Não negligencie a família achando que tudo está bem. Tudo *está* bem, de fato, mas porque vocês se trataram bem, com ternura e consideração. Continuem assim.

Gládios

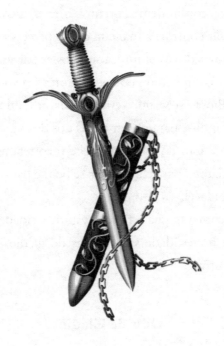

Ás de Gládios

A dádiva do gládio é o intelecto, a mente racional. Além de poderosa, essa é uma dádiva perigosa. O gládio da verdade pode varar problemas que confundem. Porém a mente é complexa. Nosso modo de pensar controla a maneira como percebemos a realidade. Por extensão, o gládio é comunicação; nossas palavras podem curar ou machucar. Assim como pode usar a força e a vontade para criar coisas maravilhosas, o Mago, o Arcano Maior I, também pode usá-las para confundir e para pregar peças nos desavisados.

Você tem o dom do raciocínio. Use-o corretamente para ver o mundo com clareza, para comunicar-se bem e para criar uma realidade feliz e saudável.

Cuidado com a língua ferina. A espirituosidade, a inteligência e o desejo de honestidade são dádivas do gládio. Não as use de maneira destrutiva.

Dois de Gládios

Uma mulher está vendada com uma fita dourada. Dois gládios se cruzam diante da lua. Essa mulher vive um conflito entre o intelecto e os aspectos menos racionais, mais intuitivos, que tem em si. Por ironia, seu rosto parece calmo, como se ela não estivesse sendo afetada por esse conflito. Talvez tenha preferido fechar os olhos a essa situação. Ao contrário da Sacerdotisa, o Arcano Maior II, essa mulher não transita com elegância entre o intelecto e a intuição. Ela não se envolve e não faz nenhum progresso. A batalha entre a mente e o coração permanece sem resolução.

Você está diante de uma decisão e não tem certeza do que fazer. Precisa decidir. Remova a venda e encare a situação de frente. É bem provável que você saiba o que deve fazer, mas esteja com medo.

Cuidado para não ignorar a situação por tempo demais. Fingir que ela não existe não resolverá o problema.

Três de Gládios

Trespassado por três gládios, um grande coração desponta num céu tempestuoso. Sem dúvida, expressão muito dramática e trágica de um mal de amor. Analise a imagem cuidadosamente. O sol, que representa o eu, está no centro do coração. O ego se identifica inteiramente com a aflição emocional, tornando-a maior do que deveria ser. Os gládios fincados no coração indicam que uma determinada maneira de ver a situação é falha. Removendo o foco da emoção, podemos vislumbrar o panorama mais amplo. Ver as coisas em sua devida perspectiva nos permitirá maior lucidez. Neste caso, a Imperatriz, o Arcano Maior III, pode propiciar o cuidado e a cura que promoverão a transcendência do mal de amor.

Você foi vítima de um mal de amor. Porém não está vendo seus efeitos com clareza. Embora seja duro ver um relacionamento terminar, isso não implica o fim de sua vida (embora provavelmente seja isso que você está sentindo). Busque uma perspectiva realista.

Cuidado com o fascínio do papel do amante tragicamente desiludido. Ele lhe dá motivos para lamentar e definhar sem jamais ir em frente. É um engodo, uma desculpa para evitar a vida.

Quatro de Gládios

Um soldado esgotado encontra descanso em uma área tranquila, protegida por muros. Por enquanto, está a salvo da batalha. Nesse refúgio, ele pode se recompor. E é o que precisa, pois seus problemas ainda estão presentes, como indicam os gládios. Mas, por enquanto, ele pode parar um instante para descansar e depois, renovado, voltar para enfrentar seus desafios. Os benefícios do Imperador, o Arcano Maior IV, podem ser vistos aqui. Criando um ambiente seguro e estável, o soldado pode refletir e dedicar-se à situação da melhor maneira possível.

Você precisa de tempo para se recompor. Embora a situação seja problemática, você não a resolverá enquanto não se afastar um pouco. Retire-se da situação, medite e centre-se. Recarregando-se espiritualmente, você reunirá forças para resolver o problema.

Cuidado para não recorrer a distrações para ignorar o problema. Esta não é uma carta de escapismo, mas sim de utilização de sua base espiritual para renovação.

Cinco de Gládios

Um guerreiro ergue-se vitorioso, carregando cinco gládios. A aurora rompe, revelando os despojos de seus oponentes. As figuras derrotadas ao fundo não marcam a glória do guerreiro. Em vez disso, a imagem sugere uma vitória de Pirro. Embora haja claramente um vencedor e um vencido nesta batalha, não está claro se o custo da vitória vale a pena. O Hierofante, o Arcano Maior V, fala, entre outras coisas, das lições da história da humanidade. A guerra – e qualquer tipo de batalha devastadora – tem seu custo. Se esses meios de controle sempre valem a pena, é algo que não está claro. Trata-se de uma lição que ainda não esclarecemos muito bem.

Você está no fim de uma batalha. É o vencedor ou o vencido? Seja como for, o que se perdeu e o que foi ganho? Valeu a pena? O que você aprendeu com essa experiência?

Cuidado para não ver a batalha como o único meio – ou o meio mais fácil – de resolver divergências. O custo é alto para ambos os lados. Talvez uma abordagem mais conciliatória servisse melhor a todos a longo prazo.

Seis de Gládios

À luz da lua cheia, uma mulher viaja secreta e silenciosamente pela água. Aonde irá e o que deixa para trás? Será que isso importa? Seu destino trará alguma mudança à sua vida? Ela leva consigo sua visão de mundo, como mostram os gládios em seu barco. Como se diz por aí, "Aonde quer que vá, lá está você". A mensagem dos Enamorados, o Arcano Maior VI, fala de escolhas equilibradas. Viajando por água (suas emoções) e levando consigo os mesmos padrões de raciocínio (os gládios) de sempre, ela está fazendo uma escolha. Mas será que é uma boa escolha? O sapo parece indicar mais a dependência da parte reptiliana do cérebro, de onde provém impulso de "fuga".

Você está fugindo de alguma coisa. Enquanto não analisar seu modo de pensar, essa fuga não lhe trará nada, a não ser uma válvula de escape imediata para aquilo que o preocupa. Enquanto não aprender a enfrentá-lo, o problema continuará retornando sob algum outro disfarce.

Cuidado com o excesso de análise. Nossos instintos primitivos são um mecanismo de defesa. Embora provavelmente não com tanta frequência agora, há momentos em que fugir de uma situação perigosa é a coisa certa a fazer.

Sete de Gládios

Um personagem suspeito sai de um edifício carregando cinco gládios. Aparentemente, ele pretendia desarmar um inimigo. Porém seu plano parece espontâneo e imprudente. Ele sequer pode levar consigo todos os gládios. Com toda a probabilidade, seu ato deixará esse inimigo tão enfurecido que um dos gládios que deixou para trás acabará encontrando o caminho até suas costas. Ao contrário da disciplina e da força de vontade do Carro, o Arcano Maior VII, esse personagem reagiu de modo ilógico e perigoso à situação em que se encontra.

Você está diante de um problema. Pior que isso, está arquitetando um plano fraco para resolvê-lo. Reconsidere sua solução e tente encontrar outra que lhe traga um resultado mais satisfatório.

Cuidado com a impetuosidade. Seus atos têm consequências, e você fará muito bem se refletir sobre elas antes de agir.

Oito de Gládios

Uma mulher, vendada e acorrentada, está cercada por gládios. Sua situação é, ao mesmo tempo, simples e complexa. A venda mostra sua confusão, sua incapacidade de ver com clareza. A corrente representa sua incapacidade de se mover, apesar de parecer estar enrolada frouxamente em torno de seus pulsos. Aparentemente, seria uma tarefa simples deixar cair a corrente, retirar a venda e fugir pelos espaços entre os gládios. Entretanto, são seus próprios pensamentos que a mantêm presa. Os gládios são a mente, que a cerca e a mantém cega e imóvel. Ao contrário do Arcano Maior VIII, a Força – que domou os aspectos animais que temos em nós e às vezes nos intimidam e, por isso, pode caminhar com coragem –, essa mulher é dominada pelo medo.

Você se sente impotente. Não pode ver; não pode se mover; pressente perigos em toda a parte. A situação foi inteiramente criada por você. A boa notícia é que, se a fez, você pode desfazê-la. Você tem a capacidade de ver as coisas com clareza; só precisa criar coragem para isso.

Cuidado para não ceder à sensação de impotência. Não renuncie à sua força. Assuma o controle de sua vida. Não deixe que o medo o prenda e cegue.

Nove de Gládios

À luz da lua crescente, uma mulher se senta na cama, como se despertada por um sonho ruim. Uma coruja olha em frente e nove gládios pairam sobre a mulher. Ela cruza os braços sobre o peito, como se para proteger o coração. Como evidenciam os gládios, essa mulher sem dúvida está atormentada por algum problema grande o bastante para perturbar-lhe o sono. A coruja, um símbolo da sabedoria, está por perto, aparentemente pronta para compartilhar seu conhecimento e, assim, dar à mulher algum conforto. Quando resolver o problema, talvez ela encontre o caminho liberado para a sabedoria e a verdade. Porém, por enquanto, está só e encerrada. Isso é o Eremita do Arcano Maior IX, levado a um triste extremo. Nessa hora de provação, mais lhe valeria procurar ajuda para obter o conforto e a sabedoria de que necessita. Ao que parece, estão ao alcance de sua mão.

Você está angustiado por alguma coisa. Por alguma razão, tenta resolver a situação sozinho, apesar de poder contar com ajuda. Procure alguém que o oriente e conforte.

Cuidado com o isolamento. Você pode mesmo achar que está sozinho ou não procurar ajuda por orgulho. Mas não está sozinho e seu orgulho pode custar-lhe mais do que imagina.

Dez de Gládios

Nas trevas, um veado observa o corpo de um homem no chão. A visão é pungente e provoca estranhamento. Embora o homem possa muito bem estar morto, há uma certa paz na cena. Os dez gládios que pairam sobre ele iluminam a cena com um brilho radiante. Seja qual for a dificuldade por que passou, ele chegou ao fim. Em termos da Roda da Fortuna, o Arcano Maior X, esse homem está na parte inferior, prestes a iniciar um novo ciclo.

Você chegou ao fim de uma situação difícil. Provavelmente, não aguenta mais e talvez até ache que não conseguirá chegar lá. Mas você pode. Tenha fé na virada da maré.

Cuidado para não perder a esperança. Não desista. A Roda da Fortuna está prestes a começar a girar para cima.

Pentagramas

Ás de Pentagramas

Esta é uma dádiva de recursos, provavelmente dinheiro, matérias-primas ou tempo. É provável que este seja o mais direto dos naipes. Por isso, as dádivas de Pentagramas nem sempre são tão apreciadas quanto as dos outros naipes ou, às vezes, são supervalorizadas e levam à cobiça de riqueza material ou à obsessão por prazeres sensuais. Seja qual for a forma da dádiva, cabe a nós – como nos lembra aqui a doninha, e como o Mago, o Arcano Maior I – usar de engenho e determinação para fazer dela algo que valha a pena.

Você recebeu um recurso. Use-o bem e seja grato.

Cuidado com a tentação de subestimar ou desperdiçar essa dádiva por considerá-la mundana, e não uma dádiva verdadeira do universo.

Dois de Pentagramas

Na praia, um homem brinca com dois pentagramas. O domínio e a facilidade com que faz esse malabarismo cria um arco-íris que contribui para dar ao ato uma aparência mágica. A representação dos demais naipes – o golfinho (inteligência/Gládios), água (Taças) e a luz ardente do arco-íris (Bastões) – indica um profundo equilíbrio geral, que permite esse controle fácil da vida cotidiana. Como a Sacerdotisa, o Arcano Maior II, que vive entre a poesia e a ciência, esse cavalheiro dança pela vida fazendo malabarismos com o trabalho e a alegria.

Você tem uma vida cheia e é capaz de manter tudo fluindo, fazendo com que essa pareça uma tarefa fácil. Encontra satisfação não só em fazer muitas coisas e fazê-las bem, mas também em não transformar toda essa ocupação numa competição.

Cuidado para não exagerar só para ser admirado. Não julgue a si mesmo nem aos outros por quanto é capaz de fazer e não busque o sucesso às custas da qualidade nem de sua felicidade.

Três de Pentagramas

Um exímio artífice, a sós com sua forja, tem um imenso prazer em admirar o próprio trabalho. É mais que mero orgulho, embora também seja orgulho. Ele experimenta o prazer sensual do trabalho cuidadoso e reconhece a magia oculta da criação dos objetos físicos.

De todos os três, o Três de Pentagramas é o que mais se aproxima do Arcano Maior III. Como a Imperatriz, ele cria e se compraz na criação; ama o processo e o produto.

Você tem um dom que lhe dá uma imensa satisfação. É algo que adora fazer e em cujo resultado final encontra muito prazer.

Cuidado para não perder a ligação mágica com o processo e o produto. Caso exista alguma coisa que antes o deleitava e agora se tornou mecânico, procure reencontrar seus antigos sentimentos ou talvez dedicar-se a uma nova atividade.

Quatro de Pentagramas

Um homem trajando vestes púrpura ricamente bordadas a ouro segura nos braços quatro pentagramas. Ganhar dinheiro é uma coisa que lhe dá prazer. Só que o dinheiro é uma abstração, uma representação de coisas que são necessárias à vida ou que dão à vida prazer e beleza. Por ter perdido isso de vista, ele está sozinho com seu frio orgulho, sem compartilhar sua prosperidade ou mesmo desfrutar de fato dela. Ele reflete um extremo do Arcano Maior IV, o Imperador. Quando o Imperador propicia ordem para melhorar a vida, tudo está bem. Quando ele impõe a ordem pela ordem, a vida fica estéril.

Você acumulou uma certa quantidade de recursos e é possessivo com eles. Está guardando seu dinheiro, seu tempo e sua capacidade. Você esqueceu a finalidade dessas coisas e terá pela frente um futuro solitário e vazio se não souber usar seus recursos com sabedoria.

Cuidado com o extremo oposto: dar tudo que tem até que tudo se esgote e você não tenha mais nada a oferecer.

Cinco de Pentagramas

Diante de uma janela de vitrais coloridos estão um homem e uma mulher com uma criança. O homem segura o chapéu com atitude humilde. Cansada e faminta, a criança se agarra à mãe, que estende a mão em desamparo. Eles vivem necessidades prementes. A luz atravessa a bela janela, que parece não lhes trazer nenhuma resposta. No Hierofante, o Arcano Maior V, vimos uma janela de vitrais, representação das realizações da humanidade. Porém nenhuma importância terão todas as gloriosas estruturas e realizações do mundo se não prestarem orientação, ajuda ou inspiração.

Você tem uma necessidade. O auxílio está próximo. Não desanime, mesmo que o edifício, organização ou pessoa lhe pareçam imponentes demais. Peça a ajuda de que precisa.

Cuidado para não tornar sua necessidade maior do que é. Procure descobrir quais os recursos de que dispõe para se ajudar.

Seis de Pentagramas

Um homem rico, com uma balança na mão, pesa pentagramas alegremente. Do lado de fora da janela, mãos tentam, mas não conseguem agarrar os pentagramas que caem por perto. O homem rico parece disposto a dar, mas não presta atenção a quem está dando. Ele deixa que os recursos caiam pelo caminho e não atenta para a necessidade que está bem ali, diante de sua janela. Ao contrário dos Enamorados no Arcano Maior VI, ele não está fazendo escolhas equilibradas. Ele desperdiça o que doa e se ilude pensando que é caridoso.

Você doa seus recursos livremente, mas presta atenção ao que está fazendo? Está dando às pessoas o que elas precisam ou só o que lhe agrada dar?

Cuidado com a doação feita com orgulho, mas sem paixão. Dar a seu filho um computador novo quando o que ele quer mesmo é sua atenção não é usar bem seus recursos nem ser útil a seu filho.

Sete de Pentagramas

Uma mulher com uma cesta está ao lado de uma árvore carregada de pentagramas. No campo, as ovelhas a fitam enquanto um esquilo tenta surrupiar um dos pentagramas. Como o Carro, o Arcano Maior VII, essa mulher investiu vontade e controle para que essa árvore desse frutos. Porém ela está um passo atrás do Carro. Ela está avaliando seu investimento para ver se a colheita corresponde a suas expectativas e vale o esforço que empregou.

Você lançou à terra algum tipo de semente. Ela está dando frutos e chegou a hora da colheita. Pare um instante para comparar o investimento aos resultados. Se não for o que você esperava, pense no que pode fazer diferente na próxima vez.

Cuidado para não ficar tão animado com a colheita que esqueça de fazer o balanço de despesas e receitas.

Oito de Pentagramas

Um aprendiz solitário adentra a noite trabalhando em seu projeto. Ele está tão concentrado e determinado que talvez não perceba seu pequeno companheiro. Como o Arcano Maior VIII, a Força, esse jovem domou seus desejos e instintos mais ignóbeis para atingir algo maior. Mesmo que queira sair e se divertir, está disposto a renunciar ao prazer imediato por uma meta a longo prazo.

Você está envolvido em um curso de estudo para se preparar para um futuro melhor. Sua disciplina e motivação lhe valerão muito. Mas pare um instante para desfrutar um pouco do companheirismo.

Cuidado para não se esforçar demais e deixar de lado todo o resto. Mesmo estudando muito, precisamos de um pouco de descanso e relaxamento.

Nove de Pentagramas

Em seu gazebo, uma mulher bem-sucedida fita com orgulho seu nobre falcão, cercada por um farto jardim de pentagramas. Ela tem direito de sentir orgulho porque atingiu esse estilo de vida luxuoso por seus próprios méritos. Como o Eremita, o Arcano

Maior IX, escolheu viver só e não parece se importar nem um pouco com isso.

Você atingiu muita coisa que lhe dá orgulho. Criou uma vida que lhe dá prazer e lhe satisfaz. Apesar de suas escolhas, não se sente só.

Lembre-se de que pode ter sido feliz e não ter sentido falta de companhia, mas que talvez chegue um momento em que isso mude. Não tenha medo de mudar seu estilo de vida e encontrar uma pessoa especial com quem compartilhá-lo.

Dez de Pentagramas

Um baú de madeira cheio de pentagramas está embaixo de uma árvore. Uma doninha o olha com curiosidade. Uma tartaruga passa lentamente, indiferente a tudo isso. De quem é esse baú? Por que foi largado ali, aberto? Será que o dono não tem medo de que alguém o roube? Evidentemente, o dono não está muito preocupado. Por ser um dez, esta carta reflete a Roda da Fortuna, o Arcano Maior X, e o fim de um ciclo. Seja quem for, o dono desse baú provavelmente o deixou ali para que alguém o encontrasse. O gesto tem algo de bom, algo de unificado: essa pessoa deixou esse baú cheio de pentagramas para recompensar o universo pelo pentagrama que recebeu, muito tempo atrás, sob a forma do Ás de Pentagramas.

Você chegou ao fim de um ciclo. Aprendeu tudo que queria, investiu tudo que queria e agora está pronto para começar a uma coisa nova. Você recebeu uma dádiva no início; por que não compartilhar sua abundância?

Cuidado para não se apegar a coisas que jamais voltará a usar. A raquete de tênis pode ter sido ótima enquanto você jogava – agora, passe-a adiante.

As cartas da corte

Os Arcanos Maiores ilustram os marcos mais importantes da vida. Os Arcanos Menores mostram acontecimentos do dia a dia. De certo modo, essas cartas definem o cenário. Embora façam parte dos Arcanos Menores, as cartas da corte têm um papel diferente. Elas são como os atores no cenário. Elas aportam personalidade, representando outras pessoas envolvidas ou aspectos de nós mesmos. Além disso, os Valetes às vezes indicam mensagens. Para saber mais sobre as personalidades e os significados das cartas da corte, consulte *Understanding the Tarot Court*, de Mary K. Greer e Tom Little.

Exercício 11

Crie uma pergunta ou uma situação. Disponha suas cartas da corte e imagine como cada uma responderia a pergunta ou o aconselharia na situação.

Valetes

Valete de Bastões

Um rapaz carrega um bastão com cautela. Ele está um pouco tolhido, como se essa fosse uma experiência nova e ele quisesse fazer tudo com perfeição. Apesar do cuidado, ele não está nervoso nem ansioso. Preparou-se da melhor maneira para esse momento e está cheio de confiança.

Você está pronto para experimentar algo novo. Pode ser uma coisa em que pensa já há algum tempo, ou algo que venha estudando. É hora de transformar o pensamento em ação. Você está bem preparado, então vá em frente e dê o próximo passo.

Cuidado para não se precipitar em algo para que ainda não esteja preparado. Se não tiver preparado bem o terreno, provavelmente será surpreendido por despesas ou eventos inesperados.

O Valete de Bastões pode indicar uma mensagem, geralmente com relação à sua carreira, a um projeto em que está trabalhando ou a um curso de estudo que lhe interesse.

Valete de Taças

Um rapaz segura uma copa com aparente displicência. Sua postura é de desdém, quase de superioridade e rebeldia. Ele está diante de uma prova de fogo, mas está convencido de que já sabe tudo.

Você está vivendo uma situação emocional com a qual provavelmente não tem muita experiência. Você tem a força de suas convicções e apresenta ao mundo exterior uma face imperturbável. Entretanto, devido à sua falta de experiência, pode sentir um pouco de apreensão por trás dessa máscara de confiança.

Cuidado para não fingir que sabe tudo e ignorar os conselhos que recebe. As emoções são coisas surpreendentes. Mesmo que se julgue preparado, lembre-se de que é mais que provável que não tenha pensado em tudo. Não descarte o conselho de alguém mais experiente.

O Valete de Taças pode indicar uma mensagem, geralmente com relação a um romance, a um projeto criativo ou artístico, ou a uma situação emocionalmente carregada.

Valete de Gládios

Um rapaz tenta demonstrar segurança e orgulho. Ele procura transmitir uma sensação de desinteresse, como se já tivesse feito aquilo mil vezes. Embora não saiba, seu rosto mostra mais apreensão do que ele gostaria. Quem não estaria um pouco nervoso? Apesar de ter na mão uma espada muito grande (e potencialmente perigosa) e apesar de teoricamente saber como empunhá-la, na verdade ele nunca a usou.

Você está pronto para enfrentar um novo desafio. A teoria e a lógica estão claras; você tem todas as ferramentas de que precisa; sabe exatamente o que fazer e como. No entanto, inexplicavelmente sente medo. Só que seu medo não é incomum. Nada substitui a experiência – e experiência é algo que você ainda não tem. Saiba que, independentemente do desfecho, você fará o melhor que pode.

Cuidado com o excesso de análise. Gládios é o naipe do intelecto, portanto você corre o risco de pensar tanto sobre uma coisa a ponto de ficar paralisado de preocupação.

O Valete de Gládios pode indicar uma mensagem, geralmente com relação a um problema atual, uma questão ou um sistema de crenças.

Valete de Pentagramas

Um rapaz segura um pentagrama. Sua expressão é quase de tédio. Apesar de não ser perito de modo algum, ele tem experiência suficiente para começar a brincar com a técnica. Ele não segura o pentagrama com cuidado; na verdade, ele mal o segura, como se para verificar que pouco precisa tocá-lo para o manter no lugar. Sem dúvida, está pronto para o próximo nível.

Você tem praticado alguma coisa em que já está bastante hábil. Seus estudos estão começando a manifestar-se na forma de projetos reais levados a cabo. Você está pronto para apresentar seu trabalho ao mundo exterior. Talvez seja hora de pensar em algo mais complexo e desafiador.

Cuidado com a desatenção. Apesar de sua habilidade, você não tem a experiência que permite a execução quase mecânica. Cuidado também com a estagnação. Depois de dominar esse nível, continue a se desafiar e não fique preguiçoso.

O Valete de Pentagramas pode indicar uma mensagem, geralmente com relação a um projeto que concluiu, a finanças ou a recursos.

Cavaleiros

Cavaleiro de Bastões

Envergando armadura completa, um cavaleiro monta seu cavalo com segurança e determinação. Sua postura e suas cores indicam paixão e bravura. Ele está descansado e pronto para qualquer aventura que encontre.

Sua paixão o está levando adiante com muita rapidez. Você está muito animado com o que tem diante de si. Não tem medo algum, embora certamente esteja sentindo uma descarga inebriante de adrenalina. Você está pronto para uma aventura grandiosa. Se nenhuma lhe aparecer pela frente, você sairá à cata de uma.

Cuidado com a imprudência. E lembre-se que só os tolos – e o Cavaleiro de Bastões – se metem onde os mais experientes não se meteriam. Tenha cuidado.

Cavaleiro de Taças

Um brioso cavaleiro cavalga um corcel que corcoveia ao crepúsculo. Ele ergue sua copa bem alto. Este cavaleiro sem dúvida está mais propenso a celebrar ou cortejar uma bela donzela que a lutar. Regido pelo naipe de Taças, ele é romântico e sonhador. As aparências e a ambiência significam tanto para ele quanto a perícia e a bravura. Ele sabe brandir tanto uma frase poética quanto sua espada.

Você está muito romântico. Anda mais interessado em velas, jantares sensuais e declarações de amor sublime que de hábito. Celebrar as experiências belas e sensuais da vida é tão necessário quanto quaisquer outras. Desfrute!

Cuidado para não devanear quando não deveria. Não deixe que ideais românticos o desviem de seu caminho. Uma coisa é celebrar a sensação de ter realizado um sonho na vida; outra é correr atrás de sonhos que jamais se tornarão realidade.

Cavaleiro de Gládios

Eis aqui o protótipo do cavaleiro que se consagra a uma demanda. Enquanto prende as rédeas de seu corcel, ele ergue dramaticamente a espada, pronto para a ação. Como os Gládios são regidos pelo intelecto, não é à toa que sua demanda seja observada por uma coruja, pássaro muitas vezes associado à sabedoria. Ele virou as costas a tudo, exceto ao que busca. É só concentração e compromisso. É melhor que nada se lhe interponha no caminho.

Você está em meio a um processo. Sabe exatamente o que quer e o que vai fazer para obtê-lo. Você está muito decidido agora. Tem sua meta diante de si.

Cuidado para não ficar tão obcecado a ponto de não atentar para a ocorrência de novos fatos na situação. Preste atenção ao que está se passando à sua volta. Você corre o risco de mostrar-se insensível e ignorar os que o cercam.

Cavaleiro de Pentagramas

Mais que todos os demais cavaleiros, este assume uma postura defensiva. Ele vem de batalhas e aventuras, e provavelmente está pronto para descansar um pouco. Embora não esteja lutando, é alerta e diligente. Estará sempre em guarda e protegerá tudo e todos que precisarem de proteção.

Você já lutou algumas batalhas e viveu algumas aventuras. Agora você gostaria de descansar e se recompor, talvez desfrutar de cenas mais tranquilas e domésticas. Pare um pouco para se reconfortar e criar segurança, se necessário. Talvez seja mesmo preciso adotar uma atitude de proteção ou defesa.

Cuidado para não se deitar sobre os louros nem se deixar levar pela estagnação. Se teve uma experiência traumática, não deixe que ela o paralise e não a transforme numa desculpa para não seguir em frente.

Rainhas

Rainha de Bastões

Uma mulher serena, porém alerta, guarda um pilar encimado por chamas. Diante do pilar, ela segura seu bastão de modo tranquilo e protetor. Não só está pronta para a ação, como também perscruta o horizonte, vigiando-o.

Sua paixão está contida, mas pode explodir a qualquer momento. Você está procurando uma válvula de escape para sua energia: pode ser dedicando-se a um novo projeto seu ou ajudando alguém que tenha uma proposta interessante. Você adora agir, precisa de atividade e não é avesso à admiração pública por sua capacidade e sua brilhante personalidade.

Cuidado com o ego e com o desejo de avançar, seja social ou profissionalmente. Embora você seja um amigo verdadeiro e leal, seu ego pode atrapalhar.

Rainha de Taças

Uma mulher olha ao longe com ar romântico, como se visse algo num sonho. Ligeiramente trágica em seu ambiente melancólico, ela quase tem o olhar de uma princesa desafortunada de conto de fadas ou de uma mulher profundamente interessada no bem-estar das pessoas.

Seu coração está apertado, muito preocupado com seus entes queridos ou com seu próprio bem-estar emocional. Embora as coisas ao seu redor possam não parecer perfeitas, há uma beleza sensual na situação. Talvez você esteja preocupado com a longevidade de um relacionamento (romântico ou não). Dê a seu coração o que ele precisa.

Cuidado para não se deixar deslumbrar por suas próprias emoções. Não deixe que elas eclipsem a realidade a ponto de não conseguir ver o que realmente está acontecendo. Cuidado com essa preocupação com os outros. Às vezes, as pessoas têm que cometer os próprios erros. Você corre o risco de sufocá-las por excesso de zelo e atenção.

Rainha de Gládios

Uma mulher confiante empunha sua espada, mas não com atitude ameaçadora. A luz se reflete em sua espada e sua coroa, mostrando uma relação entre a verdade (a luz do sol), seus pensamentos (a coroa) e seu atos (a espada). Ela está ligeiramente em guarda, mas não tanto que pareça ter medo do mundo.

Você usou a mente, a verdade e o raciocínio lógico para criar ordem em seu mundo. Você tomou suas alegrias e sofrimentos e os reuniu a uma filosofia útil, de modo a ficar à vontade no mundo. Você é um amigo bom e solícito, embora alguns possam achar que lhe falta emoção.

Cuidado para não depender demais da ordem. Lembre-se de ser flexível quando as coisas não correrem como você queria. Deixe que os outros ajam como acharem certo. O que é bom para você não é bom para todo mundo. Não se distancie de suas emoções para se proteger.

Rainha de Pentagramas

Uma mulher majestosa segura um pentagrama com orgulho tranquilo. Seu rosto demonstra satisfação consigo mesma, quase complacência (mas não de fato). Como a Rainha de Gládios, sua confiança é forte e autossuficiente.

Você trabalhou duro e bem. Criou uma vida repleta de beleza e de prazeres físicos com seus próprios dons e com o uso cuidadoso de seus recursos. Tem muito orgulho de seu senso prático. As pessoas que o cercam usufruem dos frutos de seu trabalho. E, embora isso lhe dê prazer, você também tem muita satisfação com os resultados de seus esforços.

Cuidado para não se fixar nos resultados finais a ponto de perder toda a alegria do processo de criação. Você corre o risco de se preocupar demais com dinheiro. Embora o cuidado seja sábio, não se deixe obcecar pela frugalidade. E não sacrifique sua vida espiritual, criativa e emocional no altar do senso prático.

Reis

Rei de Bastões

Confortavelmente sentado em seu trono, um homem determinado fita seu bastão, de cuja ponta saem chamas. O homem está hipnotizado por ele e exclui tudo o mais de sua atenção.

Você está concentrado, decidido e motivado. Alguma coisa captou toda a sua atenção, e você está canalizando toda a sua energia e todos os seus dons nessa direção. Tem uma forte convicção de estar certo em tudo que diz respeito e essa coisa. Sua ambição ou suas necessidades sociais estão envolvidas. Por enquanto, isso é tudo que importa.

Cuidado para não acreditar que só você está certo; que seu modo é o único modo. Você corre o risco de se tornar excessivamente arrogante ou intolerante.

Rei de Taças

Um rei um tanto melancólico recosta-se em seu trono, fitando sua taça. Apesar do poder que tem, parece que lhe falta algo.
Você é bem-sucedido em seus empreendimentos. Realizou muita coisa e criou uma boa empresa ou carreira para si. Talvez tenha uma vida familiar estável e cheia de carinho. Essas coisas lhe dão muita satisfação, mas em seu coração há um anseio. É como se, ao ganhar em poder e realizações, você tivesse perdido em seu lado criativo. Procure dar-lhe vazão e alimente suas emoções.
Cuidado para não se voltar para o que não tem. Se só olhar para o que está faltando em sua vida (como projetos pessoais, criativos), você pode ficar cada vez mais amargurado e ressentido. E pode acabar negligenciando suas obrigações se ceder à decepção e à obsessão consigo mesmo, em vez de procurar soluções viáveis.

Rei de Gládios

Meio sentado em seu trono, um homem atraente se apoia em sua espada. Aparentemente, a espada lhe serve mais de apoio que o trono. Ele é um homem carismático que transpira segurança, inteligência e poder.

Sua inteligência está no âmago de sua *persona*. Você a usou bem para criar uma vida bem-sucedida para si e para seus associados. Sua sabedoria beneficia os outros, e você se sente à vontade para compartilhar suas ideias e opiniões.

Cuidado para não se deixar definir unicamente pela inteligência. Procure ter um pouco mais de equilíbrio em sua autoimagem e em seu trato com as pessoas. Cuidado também para não se tornar um esnobe. Sua mente é poderosa, mas você pode ficar propenso à paranoia se a voltar demasiado para dentro de si.

Rei de Pentagramas

Um homem apático senta-se com impaciência no trono. Ele olha ao longe e não presta nenhuma atenção ao ambiente que o cerca. Segura o cetro frouxamente, como se não se importasse em empunhá-lo.

Você sabe apreciar as coisas boas da vida e está disposto a trabalhar duro por elas. Embora queira o melhor, não espera recebê-lo de graça. Neste momento, você já trabalhou muito e longamente; usou com sabedoria sua autoridade e seu talento. Queria deixar a responsabilidade de lado, mesmo que só por pouco tempo, e apreciar plenamente as coisas boas que a vida tem a oferecer.

Cuidado para não ficar preguiçoso nem dependente de posses materiais. Seu amor ao luxo pode vencer sua natureza prática e trazer-lhe dívidas. Apesar de se deixar seduzir pela boa vida, você acabará descobrindo que isso e mais nada não pode lhe satisfazer.

As tiragens

As tiragens constituem o arcabouço das respostas, informações e conselhos que você busca. Sua pergunta o ajuda a escolher a tiragem que você vai usar. Antes de começar, observe as cinco tiragens deste capítulo e selecione a mais apropriada. Se nenhuma delas se adequar à situação, experimente tirar uma carta para ela ou criar uma tiragem diferente.

Exercício 12
Pratique a concepção de uma tiragem. Imagine que uma amiga tem uma oportunidade de fazer uma viagem por um ótimo preço. Ela não tem o dinheiro à mão e teria que fazer um empréstimo (provavelmente no cartão de crédito). Já faz algum tempo que ela deseja fazer essa viagem. Ela quer ajuda para decidir se deve ir ou não. Que tiragem você conceberia?

A tiragem das três cartas

A tiragem das três cartas tem muitas variações e pode ser adaptada a diversas situações. Algumas das variantes mais comuns são:

A tiragem do passado, do presente e do futuro

Use esta tiragem para ter uma ideia da origem de uma determinada situação e de seu desfecho mais provável se tudo continuar como está. Examinando a energia do passado e do presente, você terá mais condições de sugerir o possível desfecho ou de encontrar meios de alterá-lo.

1. Influências do passado
2. Situação no presente
3. Possibilidades do futuro

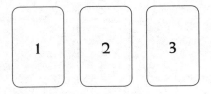

A tirgem do corpo, da mente e do espírito

Esta tiragem é útil quando você está um pouco fora de equilíbrio e quer identificar a área que precisa de atenção. Ela é uma espécie de termômetro holístico. Depois de determinar o problema, você pode fazer outra tiragem para ter mais opções de lidar com ele ou simplesmente tirar uma carta que o aconselhe.

1. Corpo
2. Mente
3. Espírito

A tiragem das opções

Quando você tem um dilema, situação ou questão que possui duas opções distintas, use esta tiragem para ter uma noção mais clara. Com ela, às vezes você pode chegar a aspectos do dilema em que ainda não havia pensado, além de ramificações de cada opção. Se a tiragem não lhe trouxer esclarecimento, tire aleatoriamente uma quarta carta para indicar uma terceira opção que pode não lhe ter ocorrido antes.

1. Dilema ou pergunta
2. Opção A
3. Opção B

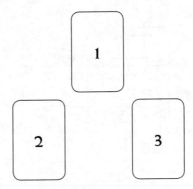

A tiragem da Cruz Celta

Esta tiragem é muito conhecida: com simplicidade e clareza, ela avalia um problema, sua causa e possível desfecho. Sua única limitação é não fornecer informações sobre como alterar o desfecho. Além disso, a tiragem da Cruz Celta pode ser um ponto de partida útil. Depois de ver o resumo instantâneo da situação, você pode usar as cartas novamente para obter mais detalhes ou mais percepção.

Esta tiragem tem muitas variações, mas a que é mostrada abaixo é muito comum.

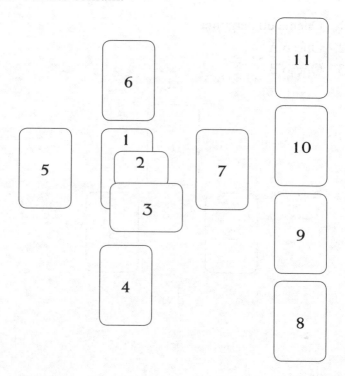

Em resumo, aqui estão os significados das posições:

1. **SIGNIFICADOR** (opcional): Muitos leitores consideram o significador opcional (veja a página 35 para obter informações sobre significadores).

2. **VOCÊ**: Esta carta representa você em relação à pergunta.

3. **CRUZAMENTO**: Esta carta indica o conflito.

4. **BASE**: Esta carta ilustra a base do problema ou questão.

5. **PASSADO**: Aqui você encontra influências significativas do passado que determinam o problema atual.

6. **PRESENTE**: As forças que afetam a situação no presente.

7. **FUTURO**: Aqui estão forças que afetarão o desfecho.

8. **VOCÊ MESMO**: Esta carta é sua autoimagem, que pode ser diferente de "você" (carta dois). A autoimagem nem sempre é um reflexo do eu mais profundo das pessoas.

9. **AMBIENTE**: Esta carta representa como os outros o veem nesta situação.

10. **ESPERANÇAS E MEDOS**: Esta é a carta que ilustra o que você mais espera ou o que você mais teme.

11. **DESFECHO**: Esta carta indica o provável desfecho, se tudo permanecer como está no momento da leitura.

Se alguma carta da tiragem o deixar confuso, pode tirar do baralho outra carta para esclarecimento. Defina claramente o que deseja esclarecer ao puxar a carta. Por exemplo, se a carta que está na posição de Esperanças e Medos o confundir, determine exatamente o que quer saber. Você quer saber mais sobre o medo? Você quer saber qual a melhor maneira de superar o medo? Lembre-se: a forma como a pergunta é feita é importante. Se você não tiver certeza daquilo que está buscando, sua leitura pode parecer incoerente ou ambígua.

Outra técnica que pode ajudar consiste em pegar a carta em questão e pô-la de lado. Misture o resto do baralho e tire três cartas, lembrando sempre das informações que deseja obter do tarô.

A tiragem diária

Criada por Kathie Vyvyan e usada com permissão. Kathie criou a tiragem diária porque queria uma tiragem simples, que não fosse detalhada ou "carregada" demais para fazer todos os dias, mas que fosse específica o suficiente para lhe propiciar reflexões e respostas profundas.

Além de ser uma ótima tiragem para o dia a dia, ela é também uma ferramenta útil para que você aprenda as cartas e cultive seus dons de leitura. Kathie faz esta leitura a cada manhã, anotando as cartas e suas interpretações em seu diário. Ela tenta prever o que pode acontecer com base nas cartas. À noite, usa uma caneta de cor diferente para comparar suas previsões ao que de fato aconteceu.

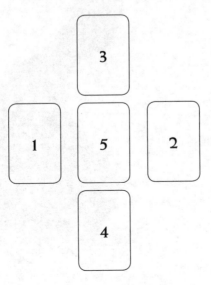

1. **TRABALHOS**: Diz respeito a coisas e tarefas que você faz durante o dia (seja no trabalho ou na vida pessoal).
2. **LAR**: Refere-se a pessoas e atividades ligadas ao lar e à vida doméstica.
3. **IMPREVISTOS**: Indica surpresas e eventos inesperados.
4. **SEU PAPEL**: Representa seu estado de espírito, seus atos ou reações aos fatos e pessoas que preenchem seu dia.
5. **DESFECHO**: Mostra o resultado do dia; muitas vezes prevê uma lição ou uma revelação espiritual.